MARCO ✦ POLO

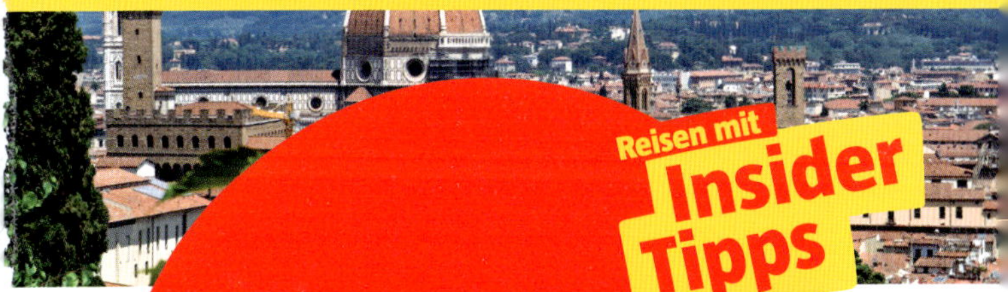

Reisen mit Insider Tipps

FLORENZ

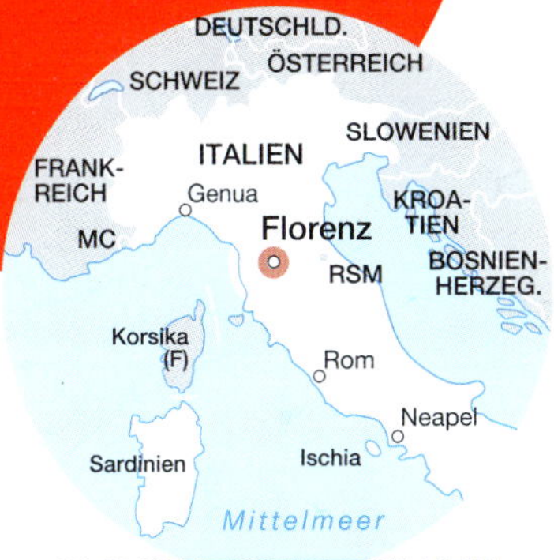

DEUTSCHLD.
ÖSTERREICH
SCHWEIZ
SLOWENIEN
FRANK-
REICH
ITALIEN
Genua
KROA-
TIEN
MC
Florenz
RSM
BOSNIEN-
HERZEG.
Korsika
(F)
Rom
Sardinien
Ischia
Neapel
Mittelmeer

W0179277

**MARCO POLO Autorin
Caterina Romig Ciccarelli**

Caterina Romig Ciccarelli wurde in Florenz geboren.
Kindheit und Jugend verbrachte sie in Berlin, bevor
sie zum Studieren an der Accademia di Belle Arti
in ihre geliebte Geburtsstadt zurückkehrte. Heute
lebt sie mit ihrer jungen Familie über den Dächern
der Stadt und arbeitet in einer Eventagentur. Sie ist
also mitten drin im Geschehen und hört hier – wie
man so sagt – sogar die Flöhe husten.

Die besten Insider-Tipps → S. 4

INSIDER TIPP

Best Of ... → S. 6

Sehenswertes → S. 26

Essen & Trinken → S. 60

SYMBOLE

INSIDER TIPP Insider-Tipp

★ Highlight

●●●● Best of ...

☼ Schöne Aussicht

☺ Grün & fair: für ökologi-
sche oder faire Aspekte

(*) kostenpflichtige Telefonnummer

**PREISKATEGORIEN
HOTELS**

€€€ über 170 Euro

€€ 100–170 Euro

€ bis 100 Euro

Die Preise gelten für ein Dop-
pelzimmer pro Nacht, meist
mit Frühstück

**PREISKATEGORIEN
RESTAURANTS**

€€€ über 30 Euro

€€ 15–30 Euro

€ bis 15 Euro

Die Preise gelten für ein dem
Lokal entsprechendes kom-
plettes Menü

Auf dem Titel: Zum David in die Galleria dell'Accademia S. 41 | Die Stadt trifft sich im Rivoire S. 62

INHALT

Einkaufen → S. 70

Am Abend → S. 80

Übernachten → S. 88

Cityatlas → S. 120

GUT ZU WISSEN

KARTEN IM BAND
(122 A1) Seitenzahlen und
Koordinaten verweisen auf
den Cityatlas und die Über-
sichtskarte Florenz mit Um-
land auf S. 132/133
(U A1) U und Koordinaten
verweisen auf den hinteren
äußeren Umschlag
(0) Ort/Adresse liegt außerhalb des Kartenausschnitts
Es sind auch die Objekte mit
Koordinaten versehen, die
nicht im Reiseatlas stehen

**UMSCHLAG HINTEN:
FALTKARTE ZUM
HERAUSNEHMEN →**

Einen Liniennetzplan der
öffentlichen Verkehrsmittel
finden Sie im hinteren
inneren Umschlag

FALTKARTE
(🗺 A–B 2–3) verweist auf
die herausnehmbare Faltkarte

Die besten MARCO POLO Insider-Tipps

Von allen Insider-Tipps finden Sie hier die 15 besten

INSIDER TIPP **Glühende Mosaiken**

Wie nirgendwo sonst in Florenz erstrahlen die byzantinischen Mosaiken in der achteckigen Taufkirche, dem *Battistero di San Giovanni*, in goldenem Glanz (Foto o.) → S. 28

INSIDER TIPP **Die renommierteste Restaurierungswerkstatt der Welt**

Im weltberühmten *Opificio delle Pietre Dure*, einer Akademie für Restaurierungsarbeiten, können Sie den Schülern bei ihrer Arbeit zusehen → S. 43

INSIDER TIPP **Trüffelbrötchen und Tomatensaft**

Das elegante Florenz nimmt seit 1885 bei *Procacci* seinen Aperitif: In dem historischen Raum schmilzt man schon nach dem ersten *panino tartufato* förmlich dahin → S. 63

INSIDER TIPP **Essen mit Revue**

Das frühere Salzlager verwandelt sich allabendlich in ein außergewöhnliches Restaurant mit Bühnenprogramm: *Teatro del Sale* → S. 86

INSIDER TIPP **Logenplatz über der Stadt**

Vom *Forte di Belvedere* haben Sie einen Bilderbuchblick über Florenz zu den Hügeln von Fiesole – sollte dazu noch eine Open-Air-Ausstellung stattfinden, ein unvergessliches Erlebnis! → S. 53

INSIDER TIPP **Stadthotel mit Parkplatz**

In Florenz eine Seltenheit: mit dem Wagen im Garten des Hotels *Royal* vorzufahren und ihn gleich dort stehenlassen zu können → S. 93

INSIDER TIPP **Rosenwasser**

Das zarte Acqua di Rose wird in den ehemaligen Klosterräumen der *Officina Profumo-Farmaceutica di Santa Maria Novella* seit 1381 destilliert → S. 73

INSIDER TIPP **Laue Sommernächte in Fiesole**

Unvergesslich sind die Florentiner Sommernächte nach einer Ballettaufführung des *Estate Fiesolana* unter dem Sternenhimmel im Teatro Romano in Fiesole → S. 102

INSIDER TIPP ▸ Pferde vorm Grabmal

In der entweihten romanischen Kirche San Pancrazio können Sie nicht nur die Pferdeskulpturen Marino Marinis, sondern auch den bis vor kurzem zugemauerten *Sacello Rucellai* besichtigen → S. 46

INSIDER TIPP ▸ Kunsthandwerker im Garten der Prinzessin

Zwischen duftenden Pfingstrosen, Zitronenbäumen und Rosen führen im Mai bei der Ausstellung *Artigianato e Palazzo* Kunsthandwerker in ihre Geheimnisse ein (Foto u.) → S. 104

INSIDER TIPP ▸ Mittagessen mit Dante

Mittagsmenü für nur 16 Euro in einem der besten und am Abend teuersten Restaurants der Stadt: *Alle Murate* → S. 65

INSIDER TIPP ▸ Neuer Glanz in Ognissanti

Nach zehnjährigen Restaurierungsarbeiten kann man das berühmte *Kruzifix Giottos* endlich wieder mit eigenen Augen betrachten → S. 48

INSIDER TIPP ▸ Kino wie im Märchen

Ein Hauch von Hollywood umweht Sie in der *Odeon Cinehall*. Hier sitzen Sie in tiefen Plüschsesseln, umgeben von einem vollständig erhaltenen Kinosaal aus den 1920er-Jahren. An drei Abenden in der Woche werden Filme in englischer Originalsprache gezeigt → S. 86

INSIDER TIPP ▸ Lunch in der Markthalle

Wer gut und schnell essen möchte, zwängt sich mit einem Teller Florentiner Hausmannskost auf eine der Bänke bei *Nerbone*. Egal ob Marktarbeiter oder Geschäftsmann, hier trifft sich die ganze Stadt → S. 69

INSIDER TIPP ▸ Ein Markt wie einst

Zum *Mercato di Sant'Ambrogio* verirrt sich nur selten ein Tourist. Um die schöne Eisenkonstruktion der Markthalle von 1873 mit ihren Geschäften gruppieren sich draußen die Stände der Obst- und Gemüsehändler → S. 77

BEST OF ...

TOLLE ORTE ZUM NULLTARIF
Neues entdecken und den Geldbeutel schonen

● *Stadtrundfahrt mit dem Bus C3*

Der kleine *Elektrobus C3* fährt durch die engen Gassen des alten Florenz vorbei an Piazza Pitti, Piazza Santa Croce und überquert mehrmals den Arno. Er ist damit die günstigste Stadtrundfahrt, zwar nicht umsonst, aber immerhin für nur 1,20 Euro → S. 112

● *Eine Pause in der Bibliothek*

In der *Biblioteca delle Oblate* sitzen Sie fast ungestört unter Klosterarkaden. Brunelleschis Kuppel ist zum Greifen nahe, für die Kinder gibt es einen Spielbereich. Das Ambiente kostet nichts – da gönnt man sich gern einen Cappuccino und eine Brioche dazu (Foto) → S. 50

● *Freiluft-Skulpturengalerie*

Die vielleicht schönste Florentiner Skulpturengalerie liegt im Freien und kostet nicht einmal Eintritt. In der *Loggia dei Lanzi* stehen die Werke großer Künstler wie Giambologna und Cellini, aber auch antike Frauenfiguren → S. 33

● *Fantastische Aussicht in Fiesole*

Von der Piazza in Fiesole führt ein steiler Weg zum Kloster *San Francesco* und dem höchsten Punkt der Gegend. Der Blick über Stadt und Arnotal ist hier atemberaubend, der Eintritt und die Gedanken frei → S. 101

● *Illustrierte Johannes-Geschichte*

Ein von Touristen selten besuchter Ort der Ruhe und Einkehr im Trubel der Stadt: Der *Chiostro dello Scalzo* wurde mit einmalig schönen Fresken des manieristischen Malers Andrea del Sarto (1486–1530) über das Leben Johannes des Täufers ausgeschmückt → S. 41

● *Fuochi di San Giovanni*

Seit dem 14. Jh. wird am 24. Juni der Schutzheilige von Florenz gefeiert. Aus diesem Anlass schenkt die Stadt ihren Bewohnern und Gästen ein grandioses *Feuerwerk* unterhalb des Piazzale Michelangelo → S. 105

● ● ● ● Diese Punkte zeichnen in den folgenden Kapiteln die Best-of-Hinweise aus

● **Ponte Vecchio**
Am schönsten ist die alte Brücke, wenn die Lichter der Stadt auf dem Arno mit den Juwelen in den kleinen Brückenläden um die Wette glitzern (Foto) → S. 39

● **Uffizi**
Büros *(uffizi)* für die Landesverwaltung sollten hier untergebracht werden, als Cosimo I. den Bau 1559 bei Vasari in Auftrag gab. Heute ist er als *Galleria degli Uffizi* weltberühmt → S. 32

● **Florentiner Schnäppchen**
Früher wurden am *Mercato San Lorenzo* die berühmten Florentinerhüte verkauft. Heute ist es nicht mehr ganz so einfach, hier ein typisch toskanisches Mitbringsel zu finden, aber die Suche danach und ein Bummel machen trotzdem Spaß → S. 76

● **Den Tag versüßen**
Schon immer war das Café *Rivoire* der Ort, um in das Leben von Florenz einzutauchen: Man sieht sich, man trifft sich – und man trinkt hier die beste heiße Schokolade der Stadt → S. 62

● **Gelato artigianale**
Vom einfachen Milchgeschäft zur weltberühmten Eisdiele: *Vivoli* ist trotz vieler anderer guter Eisdielen immer noch die Florentiner Gelateria par excellence! Das nach hauseigenem Rezept hergestellte Eis wird aus den Räumen im Herzen von Florenz für besondere Festlichkeiten sogar bis nach Australien verschickt → S. 63

● **Mittelalterlicher Luxus**
Wollen Sie sich ein Bild davon machen, wie reiche Familien im Florenz des 13. Jhs. lebten? Dann besuchen Sie das Museum der Wohnkultur im *Palazzo Davanzati*. Sie werden überrascht sein, welcher Komfort schon damals geboten wurde → S. 36

● **Brunelleschis Kuppel erklimmen**
Sie ist 116,5 m hoch und dominiert weithin die Silhouette der Stadt. Entscheiden Sie sich unbedingt für die etwas beschwerliche Besteigung der *Domkuppel*, denn oben angekommen, können Sie die Fresken aus dem 16. Jh. in Augenhöhe betrachten → S. 30

TYPISCH

BEST OF ...

● Museo Nazionale del Bargello

Im einstigen Stadtgefängnis ist die berühmteste Skulpturengalerie Italiens untergebracht. Zu sehen sind u. a. Originale von Donatello oder Michelangelo → S. 51

● Landschaft im Regen

Die Landschaft der Toskana hat auch bei Regen ihren Reiz, z. B. wenn Sie ihren Anblick durch die Panoramafenster des Restaurants *Omero* zusammen mit einer *bistecca alla fiorentina* genießen → S. 65

● Das Machtsymbol der Florentiner

Der *Dom* gehört noch immer zu den größten Kirchen der Welt. Sein Inneres ist bei jedem Wetter einfach überwältigend → S. 29

● Religion und Kunst von oben betrachtet

Selbst in der Kirche thronten die Herrscher über dem Volk (bei einer der Freitagsführungen hören Sie mehr darüber), aber das kleine Gotteshaus *Santa Felicita* mit herrlichen Pontormo-Bildern lohnt immer einen Besuch! → S. 56

● Sieben Museen unter einem Dach

Einst lebten hier die Großherzöge der Medici und für eine kurze Zeit sogar die italienische Königsfamilie. Heute beherbergt der *Palazzo Pitti* sieben der berühmtesten Museen der Stadt → S. 55

● Bunter Glanz an trüben Tagen

Wer in den Verkaufsraum des *Antico Setificio Fiorentino* tritt, wird vom Glanz der ausgebreiteten Stoffe geblendet: Samt, Seide, Brokat und Taft schimmern hier in allen Farben (Foto) → S. 79

● Kunst im Renaissancepalast

Moderne Kunst oder alte Meister – die Ausstellungen in den schönen Räumen des *Palazzo Strozzi* sind stets auf höchstem Niveau → S. 36

REGEN

ENTSPANNT ZURÜCKLEHNEN
Durchatmen, genießen und verwöhnen lassen

● *Modernes Spa in einem alten Palazzo*

SoulSpace ist ein edel designtes Spa im Palazzo Galletti. Hier können Sie sich Aromamassagen oder einen Hot-Stone-Day gönnen. Perfekte Entspannung garantieren außerdem ein Hamam und ein Pool → S. 58

● *Pause mit Blick*

Hoch über der belebten Piazza della Repubblica erholen Sie sich auf der Dachterrasse des Kaufhauses *La Rinascente* bei einem Cappuccino oder einem Snack vom Einkaufsstress → S. 74

● *Beruhigendes Plätschern im Giardino di Boboli*

Die Hektik der Stadt ist im Nu vergessen, wenn Sie im *Giardino di Boboli* zum Plätschern der Wasserspiele auf schattigen Wegen zwischen Statuen, Nymphen und Grotten schlendern (Foto) → S. 54

● *Mönchsgesänge*

In hoch über der Stadt liegenden Kirche *San Miniato al Monte* herrscht besinnliche Stille. Richtig meditativ wird es, wenn Sie gegen 17.30 Uhr kommen. Dann ertönen aus dem angrenzenden Kloster gregorianische Vespergesänge → S. 59

● *Entspannen wie die Könige*

Das exklusive *Spa des Four Seasons Hotel* ist eingerichtet, als würden hier nur Könige entspannen. Auch wenn Sie sich das Luxushotel nicht leisten können, dürfen Sie sich hier fürstlich verwöhnen lassen → S. 92

● *Aromatherapie im Park*

Im Sommer, wenn die große Glyzinienpergola in Blüte steht und Schwertlilien, Azaleen und Hortensien Sie mit ihrem Duft betören, wirkt ein Bummel durch den *Giardino Bardini* wie eine Aromatherapie → S. 99

● *Energie tanken*

Im kürzlich eröffneten *Lungarno Spa* können Sie nach zu viel Pflastertreten im Wellness- und Beautybereich neue Energie tanken und den Kopf frei bekommen → S. 58

AUFTAKT

ENTDECKEN SIE FLORENZ!

Florenz ist eine Metropole im Kleinformat und eine der schönsten Städte der Welt. Junge und Alte, Singles und Paare, Kunstsinnige, Gourmets, Shoppingfreaks und Weltenbummler – sie alle sind begeistert von dieser Stadt!

Das Zentrum ist zum größten Teil verkehrsberuhigt. Fast alle wichtigen Sehenswürdigkeiten können zu Fuß erreicht werden, ohne dass Motorenlärm beim Bummel durch die pittoresken Gassen stören würde. Auch wenn Sie so viel Pflaster treten müssen: Um die vielfältigen Schönheiten der Stadt zu genießen, sollte Ihnen keine Mühe zu groß sein. Nur Venedig muss noch mehr Touristen pro Quadratmeter Innenstadt verkraften. Doch es ist nicht schwer, aus dem Strom der Besucher auszuscheren. Seien Sie mutig und biegen Sie einfach ab in die kleinen Gassen und Gässchen abseits der Hauptrouten. Die Innenstadt ist klein. Und wenn Sie sich wirklich einmal verlaufen sollten, können Sie jeden Florentiner nach dem Dom, dem *duomo*, fragen. Er ist immer in der Nähe – und schon sind Sie wieder mitten drin im Touristenstrom!

Bild: Kuppel des Florentiner Doms

Jeder kann Florenz für sich entdecken, egal wie verschieden die unterschiedlichen Interessen auch sein mögen. Die Jugendlichen sonnen sich auf Plätzen und scharen sich am Abend um Straßenmusikanten, diskutieren vor Bars und Trattorien und feiern in den Clubs. Genießer füllen Restaurants und Enotheken und wählen mit Kennerblick Schinken, Käse, Wein und Olivenöl aus. Gut betuchte Asiaten, Amerikaner und Europäer schleppen glücklich die Last ihrer Einkäufe, die sie in den noblen Shoppingmeilen erstanden haben. Und irgendwann begegnen sich alle in den Warteschlangen vor den Uffizien, dem Palazzo Pitti oder der Galleria dell'Accademia wieder. Denn Florenz steht vor allem anderen für die Kunst. Das Ensemble aus Kirchen und Palästen, Plätzen und Gassen, Brunnen und Statuen ist ein über Jahrhunderte gewachsenes Gesamtkunstwerk, das auf

Ein über viele Jahrhunderte gewachsenes Gesamtkunstwerk

der Welt seinesgleichen sucht. Die schönsten Plastiken, Gemälde und Tapisserien sind in den Kirchen und in über 70 Museen der Stadt ausgestellt. Die Paläste der Stadt wurden von Generationen ihrer Bewohner zu wahren Schatzkammern ausgebaut, die meist von herrlichen Gartenanlagen umgeben werden. Viele sind für Besucher geöffnet. Aber auch jede Tür, jedes Fenstergesims, jede Dachtraufe an Palästen und alten Häusern ist ein kleines Kunstwerk. Lassen Sie Ihren Blick neugierig schweifen, wenn Sie durch die Gassen gehen, Sie werden unendlich viel Schönes und Interessantes entdecken, das in keinem Reiseführer erwähnt wird.

Abendstimmung auf der Piazza della Signoria, dem weltlichen Zentrum von Florenz

Die Lage von Florenz ist unvergleichlich: Der Arno zieht sich mitten durch die Stadt, aus den Gärten der sie umgebenden Hügel leuchten die von Zypressen umstandenen Villen. Im Winter und im Frühjahr kann man die schneebedeckten Berge des Pratomagno und des Apennin östlich und nördlich der Stadt sehen. Kluge Stadtplaner haben auch während der letzten Jahre des Baubooms verhindert, dass sich das jahrhundertealte Stadtbild wesentlich verändert. Heute lebt nur

> **Der Arno zieht sich mitten durch die Stadt**

noch der kleinste Teil der rund 380 000 Einwohner von Florenz im Zentrum, denn die Wohnpreise gehören inzwischen zu den teuersten Italiens. Florentiner trifft man daher nur noch in der Innenstadt, wenn sie dort zur Arbeit gehen oder – was selten geschieht – in den teuren Geschäften einkaufen. Das Zentrum gehört heute den Touristen. Florenz hat wenig Industrie und lebt überwiegend vom Tourismus, der erneut zugenommen hat, weil nun auch Chinesen, Inder, Russen und Osteuropäer die Stadt als Reiseziel entdecken: 2012 wurden annähernd 12 Mio. Übernachtungen in der Provinz Florenz registriert! Im Durchschnitt halten sich Touristen drei Tage in der Stadt auf. Diese reichen bereits aus, um ein abwechslungsreiches Programm zu gestalten, bei dem genug Zeit für die wichtigsten Sehenswürdigkeiten bleibt und Sie trotzdem etwas vom Flair der Stadt mitbekommen. Gehen Sie Ihren Besuch ganz entspannt an. Nur eines der großen Museen und allerhöchstens zwei Kirchen sollten Sie sich am Tag ansehen, damit genug Zeit dazwischen bleibt, um zu schlendern, zu beobachten oder sich einfach treiben zu lassen. Freuen Sie sich auch auf die Abende, an denen Sie in einer der vielen Trattorien und Restaurants die berühmte Küche der Toskana und ihren nicht weniger berühmten Wein genießen können.

Die Faszination von Florenz machen vor allem ihre einzigartigen Schätze aus Kunst und Architektur aus. An kaum einem anderen Ort wirkten und lebten so viele weltbekannte Künstler wie in Florenz. Es ist beinahe unmöglich, alle Maler, Bildhauer, Baumeister, Dichter und Philosophen aufzuzählen, die im Laufe der Jahrhunderte an der Gestaltung der Stadt beteiligt waren und so zu ihrem Ruhm beitrugen. Die erste künstlerische Glanzzeit der Stadt lag im 14. und 15. Jh., als hier u. a. Dante seine „Göttliche Komödie" schrieb und Giotto, Orcagna und Masaccio ihre beeindruckenden Fresken in den Kirchen schufen. Brunelleschi baute die grandiose Domkuppel, und Alberti formulierte die theoretischen Grundlagen für die Kunst der Renaissance. Viele andere folgten. Im 16. Jh. erlebte die Stadt durch die Arbeiten von Michelangelo, Raffael und Vasari einen weiteren künstlerischen Höhepunkt.

Zu ihrer Blütezeit im Mittelalter beeinflusste Florenz Politik, Handel und Kunst in ganz Europa. Doch da blickte die Stadt bereits auf eine über 2000-jährige Geschichte zurück. Funde belegen, dass in Florenz schon zur Villanova-Zeit um 1000 v. Chr. eine Ansiedlung bestanden haben muss. Im Jahre 59 gründeten dann die Römer eine Veteranenkolonie im Arnotal, die sie *Florentia* nannten. Das Forum lag an der Stelle der heutigen Piazza della Repubblica. Auf die Römer folgten Langobarden und Karolinger, und im Jahr 845 vereinigte Lothar, Enkel Karls des Großen, die Grafschaften Florenz und Fiesole. Bereits 1115 war Florenz faktisch eine autonome Gemeinde, und der Grundstein für ihren glanzvollen Aufstieg war gelegt. Das Baptisterium und die Kirchen San Miniato und Santissimi Apostoli wurden errichtet, und ab dem 13. Jh. entwickelte sich Florenz zu einer europäischen Handelsmetropole. Die Stadt war reich und mächtig geworden, nicht zuletzt durch ihren florierenden Tuchhandel und dank des 1252 in Florenz geprägten *fiorino*, der ersten Goldmünze, die bald zum vorherrschenden Zahlungsmittel in ganz Europa wurde. Auch unser heutiges Bankwesen hat seine Wurzeln in Florenz. Aus dem *banco*, dem Tisch der Geldwechsler, entstand das Wort Bank; und in Florenz wurden auch die ersten Wechsel und die ersten Schecks ausgestellt. Florentiner Bankiers finanzierten die Unternehmungen von Päpsten und Königen. In der Stadt selbst brach ein wahrer Bauboom aus; Kirchen und Paläste entstanden. 1296, nach dem Bau des Bargello und des Palazzo Vecchio, entschloss sich der Rat der nun 100 000 Einwohner zählenden Stadtrepublik, den mächtigen Dom zu bauen.

Blüte im Mittelalter – selbst die Bank ist eine Erfindung aus Florenz

Um diese Zeit begann auch der Aufstieg einer Familie, die die nächsten 300 Jahre das Geschick der Stadt bestimmen sollte: die Medici. Mit ihrem Reichtum, ihrem Kunstsinn und ihrem Mäzenatentum prägten sie maßgeblich Entwicklung und Aussehen der Stadt. Den Medici verdankt Florenz viele ihrer bedeutendsten Bauwerke, so z. B. den Palazzo Medici Riccardi, den Wohnsitz von Cosimo Il Vecchio mit der wunderschönen Gozzoli-Kapelle, oder die Kirche San Lorenzo mit der ganz mit Halbedelsteinen ausgelegten Cappella dei Principi, dem Mausoleum der Familie. Aber auch die Galleria degli Uffizi mit ihrer weltbekannten Gemäldesammlung oder der Palazzo Pitti mit den auch hier untergebrachten Kunstschätzen gehen auf die Medici zurück. Ihre prächtigen Villen in der unmittelbaren Umgebung der Stadt sind heute Touristenmagneten. Und es war eine Frau, Anna Maria Luisa (1667–1743), die letzte dieser mächtigen Familie, die in ihrem Testament verfügte, dass „von den Dingen, die zum Schmuck des Staates, zum Nutzen der Öffentlichkeit und als Anreiz für die Neugier der Fremden(!) bestimmt sind, nichts veräußert oder aus dem Gebiet des Großherzogtums fortgebracht" werden dürfe. Als hätte sie es vorausgesehen, welche Anziehungskraft und Einkommensquelle die Sammlungen in der Zukunft für die Stadt bedeuten würden.

1737 fiel dann das Großherzogtum Toskana an das Haus Habsburg-Lothringen, welches das Land mit einer kurzen napoleonischen Unterbrechung (1799–1815) bis 1859 regierte. 1861 wurde die Toskana Teil des vereinigten Italiens, und 1865–71 war Florenz Hauptstadt des neu gegründeten Königreichs: Florenz erlebte seine zweite

Erbaut für Lorenzo il Magnifico: Villa Medicea in Poggio a Caiano westlich von Florenz

Renaissance. Aus repräsentativen Gründen ließ man u. a. das alte Marktviertel und das seit dem Mittelalter bestehende Ghetto abreißen und an ihrer Stelle die Piazza della Repubblica anlegen. Die große Stadtmauer wurde geschliffen und in ihrem Verlauf die breite Ringstraße gebaut, die bis heute eine der wichtigsten Verkehrsschlagadern ist. Großbürgerliche Stadtviertel außerhalb der einstigen Ringmauern entstanden. Der Weg zum heutigen Florenz war vorgezeichnet.

Lange hat diese Stadt fast ausschließlich von ihrer glorreichen Vergangenheit gezehrt. Nun wird auch der Moderne immer mehr Raum eingeräumt. Viele der aktuellen Ausstellungen sind gegenwarts- oder zukunftsbezogen.

Viel Modernes vor historischer Kulisse

Man bemüht sich, Florenz zu „entstauben" und lässt sich auf Experimente ein. Vom avantgardistischen Theater bis zu Performances ist mittlerweile alles erlaubt und erwünscht. Die historischen Plätze bilden eine eindrucksvolle Kulisse für moderne Installationen und Straßenfeste. Bei dem künstlerischen Feingefühl, das man hier seit Jahrhunderten entwickelt hat, wird auch das Florenz der Zukunft seine Besucher begeistern. Denn Florenz ist eine Weltstadt – wenn auch im Kleinformat – mit Niveau und Atmosphäre. Und sie macht Spaß. Jedem!

IM TREND

1 Kaffeekultur

Mehr als nur Bohnen In einigen Cafés der Stadt können Sie auch Vernissagen, Buchpräsentationen oder Theater erleben. Im *Meykadeh Libreria Café (Via dei Pepi 14r | www.meykadeh.com) (Foto)* finden regelmäßig Lesungen statt, und das *La Cité Libreria Café (Borgo San Frediano 20r | www.lacitelibreria.info)* ist bekannt für seine Buchauswahl und Kabarettshows.

Citybeach

Strand ohne Meer Auch ohne Meer wird in Florenz Beachvolleyball gespielt. Die *Beach Games (www.p3rsport.wix.com)* an der Piazzale Michelangelo machen es möglich *(Foto)*. Strandluft schnuppern die Florentiner außerdem am *Lungarno Beach* unter dem Ponte San Niccolò am Arno. Hier gibt es nicht nur Beachvolleyball, sondern auch Yogatreffs und Liegestühle. Wer für den Stadtstrandbesuch noch das richtige Outfit sucht, deckt sich bei *Sarallo Sport (Viale dei Mille 70r | www.sarallo.com)* ein.

3 Langsame Kunst

Ohne Hast Nehmen Sie sich Zeit für Florenz, beispielsweise mit dem Veranstalter *Mercurio*. Bei dessen Stadttouren genießen Sie mit allen Sinnen und erschnuppern sich die verschiedenen Düfte von Florenz *(www.mercurio-italy.org) (Foto)*. Wer sich in aller Ruhe an die Kunst der florentinischen Meister herantasten will, besucht einen Fresken-Workshop und lernt das Handwerk besser kennen *(www.contexttravel.com)*. Mindestens einmal im Jahr heißt es einen Gang zurückschalten, nämlich wenn auch in Florenz der *Slow Art Day* mit Kunst, Diskussionen und gemeinsamem Essen stattfindet *(www.slowartday.com)*.

Santo Spirito

Tradition trifft Moderne   Erkunden Sie die zwei Gesichter von Santo Spirito. Dem Viertel gelingt es, Tradition und Moderne zu verbinden. Neben alteingesessenen Handwerksbetrieben finden Sie hier coole Galerien und Shops. Wer das Viertel erkunden will, beginnt am besten im *Centro Machiavelli (Piazza Santo Spirito 4 | www.centromachiavelli.it) (Foto)*. Dort werden bis heute Schuhe oder Mosaike in Handarbeit gefertigt. Trendgerechte Eigenkreationen bieten dann die drei Schwestern von *Quelle Tre (Via Santo Spirito 42r)* an. In ihrem Atelier verkaufen sie ausgefallene Kleider und Accessoires. Mit den erbeuteten Mitbringseln schmeckt das Essen auf den Holzbänken der *Osteria Santo Spirito (Piazza Santo Spirito 16r)* mit Blick auf den Markt gleich nochmal so gut.

Stadtgärtner & Bioköche

Grün in allen Variationen   Früher war Florenz leider auch für seine schlechte Luftqualität bekannt. Seit einigen Jahren vergrößert sich die grüne Lunge der Stadt immer mehr. Zu verdanken ist das u. a. den *Guerrilla Gardeners (www.guerrillagardener. it)*. Sie begrünen die Stadt auf eigene Faust und setzen sich beispielsweise für mobile Gärten auf der Via dell'Agnolo und der Piazza Tasso ein. Sie wollen „grün" urlauben in Florenz? Mieten Sie sich ein umweltfreundliches *Pedicab (www.pedicabfirenze.it)* und runden Sie die Öko-Sightseeingtour mit einem Besuch im *La Raccolta (Via Giacomo Leopardi 2r | www.laraccolta.it)* ab. Das Biorestaurant gehört zu den leckersten der Stadt. Gleich nebenan wartet *Insoliti Tessuti (Via Giacomo Leopardi 4r)* mit coolen Bioklamotten und Kosmetik auf.

STICHWORTE

CALCIO STORICO FIORENTINO

Dass der Fußball *(calcio)* in Florenz schon seit dem 16. Jh. wütet, wird alljährlich am 24. Juni, dem Namenstag des Stadtpatrons San Giovanni, beim *Calcio Storico* auf der Piazza S. Croce klar. Einige behaupten sogar, dass die Rangelei der 54 in historischen Kostümen spielenden Männer auf das *harpastum* zurückgeht, das hier von den alten Römern veranstaltet wurde. Wie sehr sich beim *calcio* die Zeiten und Regeln geändert haben, können Sie jedes Jahr selbst miterleben – die hemmungslose Begeisterung der Florentiner jedoch blieb über die Jahrhunderte gleich *(www.calciostoricofiorentino.it)*. Und noch heute erhalten viele Neugeborene den Namen „Viola" zu Ehren des seit Jahrzehnten in der Serie A spielenden Fußballvereins *ACF Fiorentina*, der nach seiner Vereinsfarbe kurz *La Viola* genannt wird.

CHINATOWN

Es gibt sie noch nicht, die Chinatown von Florenz, aber die Asiaten sind aus dem Stadtbild nicht mehr wegzudenken. Mittlerweile leben nahezu 30 000 Chinesen in Florenz und seiner Umgebung – und ihre Zahl steigt weiter an. Gerade im Zentrum öffnen täglich neue, winzige Geschäfte, vor denen Kleidchen und Tücher flattern und deren Regale dicht bepackt sind mit Modekram aller Art – alles unglaublich billig und mit dem Schildchen „Made in Italy" versehen, hergestellt jedoch in China.

Bild: Historische Trachten beim Calcio in Costume

Facetten einer vielgesichtigen Stadt – Wissenswertes über die Medici, den Calcio Storico oder die Chinesen

FLORENTINER MODE

Den meisten Besuchern fällt auf den ersten Blick auf, dass sich die Florentinerinnen und Florentiner durch eine ganz besondere Eleganz in ihrer Kleidung auszeichnen. Kein Wunder: Florenz war bereits in der Renaissance für seine Web- und Lederwaren bekannt. Die Stoffe waren exklusiv, die Schuhe und Taschen elegant und von feinster Verarbeitung. Von diesem Ruf profitierten auch die weltbekannten Modeschöpfer der jüngeren Zeit, darunter Emilio Pucci, Guccio Gucci, Salvatore Ferragamo oder Emilio Coveri.

1951 fand in Florenz die erste italienische Modenschau statt. Organisiert hatte sie für einen kleinen Kreis der Conte Gian Battista Giorgini, einer der eifrigsten Förderer des „Made in Italy". Das Ereignis erregte international Aufsehen und führte zu den alljährlich stattfindenden Modeschauen im Palazzo Pitti. Von da aus trat die italienische Mode ihren Siegeszug um die Welt an. Nicht zuletzt Organisationsprobleme in Florenz führten dazu, dass sich das Zentrum der italienischen Damenmode inzwischen nach Mailand verlagert hat. In Florenz wird aber immer noch unter dem Namen „Pitti Uomo" *(www.pittimmagine.com)* im Frühling und Herbst mit großem Erfolg die italienische Männermode vorgestellt (inzwischen in der Fortezza da Basso).

MEDICI

Selten hat eine Familie über einen so langen Zeitraum die Geschichte einer Stadt geprägt. Der Urahn, Giovanni di Bicci, war Bankier in Rom. 1397 verlegte er den Hauptsitz in die aufstrebende Stadt am Arno. Sein Sohn Cosimo (1389–1464), genannt *Il Vecchio* (der Ältere), war kunstsinnig und ehrgeizig. Viele bedeutende Bauten wurden unter seiner Herrschaft errichtet. Dessen Sohn Piero (1416–69), „der Gichtige", führte

das Mäzenatentum fort. Auf Piero folgte dessen Sohn Lorenzo (1449–92), der nach seinem Lebensstil den Beinamen *Il Magnifico* erhielt. In den 23 Jahren seiner Regierungszeit gelang es ihm, Florenz die gesamte nördliche Toskana einzuverleiben. Als dieser nur 42-jährig starb, war Florenz geistiger und kultureller Mittelpunkt Europas. Doch unter seinem Nachfolger Piero II. (1472–1503) verblassten Macht und Ansehen der Familie. Glanz bekam der Name erst wieder durch Cosimo I. (1519–74). Sein Sohn Francesco I. (1541–87) und dessen Bruder Ferdinando I. (1549–1609) taten sich noch einmal als Mäzene und Bauherren hervor.

MISERICORDIA (BARMHERZIGKEIT)

1244 wurde die Fratellanza della Misericordia ins Leben gerufen. Die Mitglieder

KURSE FÜR JEDES INTERESSE

Ob Sprache, Malerei, Keramik oder Kochen: Das Kursangebot in Florenz ist äußerst vielfältig. *Florenceart* **(129 D4)** *(⌖ E6) (Via del Campuccio 23r | www. florenceart.net)* bietet kurze Dekorations- und Trompe-l'œil-Kurse an, und in der *Florence Academy of Art* **(130 B3)** *(⌖ H5) (Via delle Casine 21r | www. florenceacademyofart.com)* ist die Auswahl an Kunstkursen groß. Mario Pachioli **(126 A4)** *(⌖ G2) (Viale Milton 49 | www.mariopachioli.it)* lehrt Malen, Zeichnen und Bildhauerei. Verschiedene Grafiktechniken lernt man bestens bei *Il Bisonte* **(130 B4)** *(⌖ G6) (Via San Niccolò 24r | www.ilbisonte.it)*. In der berühmten Schule *Palazzo Spinelli* **(129 E3)** *(⌖ E6) (Istituto per l'Arte e il Restauro | Via Maggio 13 | www.spinelli.*

it) können Sie Sommerkurse belegen und das Restaurierungshandwerk für verschiedene Materialien erlernen. *Le Arti Orafe* **(129 D3)** *(⌖ E6) (Via dei Serragli 104–124 | www.artiorafe.it)* gilt als beste Goldschmiedeschule weit und breit. Wer sich für Mode begeistert, kann einen Sommerkurs an der renommierten Schule *Polimoda* **(128 B2)** *(⌖ C5) (Via Pisana 77 | www.polimoda.com)* belegen. Bei *Cordon Bleu* **(130 B2)** *(⌖ G5) (Via di Mezzo 55r | www.cordonbleu-it. com)* werden Sie in die Kochkünste eingeweiht. Und wenn Sie Ihr Italienisch aufpolieren wollen, finden Sie im *Centro Koinè (www.koinecenter.com)*, im *Istituto Il David (www.davidschool.com)* oder bei *Lorenzo de' Medici (www.ldminstitute. com)* gute Sprachkurse im Angebot.

Die Medici prägten Florenz: Reiterstandbild für Cosimo I. vor dem Palazzo Vecchio

der Bruderschaft haben sich seit Beginn um den Transport der Kranken und Toten sowie um die Kranken- und Armenpflege gekümmert. Noch bis Ende des 20. Jhs. trugen die *fratelli* mittelalterliche schwarze Kutten, wenn sie in die Krankenwagen sprangen, die auch heute noch Tag und Nacht vor dem Sitz der Bruderschaft am Domplatz warten. Um die Anonymität des Trägers zu wahren, wurden früher zudem verhüllende Kapuzen über den Kopf gezogen, denn sämtliche Brüder verrichteten ihren barmherzigen Dienst unentgeltlich.

Nicht mehr anonym, aber immer noch ohne Entlohnung praktizieren heute viele bekannte Ärzte der Stadt in der Ambulanz der Misericordia direkt am Dom (*Vicolo degli Adimari 1*). Ein wahrer Segen nicht nur für die Armen der Stadt, sondern auch für Studenten und Ausländer!

RENAISSANCE

Florenz ist die „Hauptstadt der Renaissance". Die berühmtesten Künstler jener Epoche wurden in der Stadt selbst oder in der nahen Umgebung geboren und schufen auch hier ihre bekanntesten Werke. Zu ihnen gehören: Leon Battista Alberti (1404–72), Architekt und Schriftsteller, dem die Stadt die herrliche Fassade der Kirche Santa Maria Novella verdankt, – dann Sandro Botticelli (1445–1510), dessen Malereien heute einen der Hauptanziehungspunkte der Uffizien bilden, Filippo Brunelleschi (1377–1446), der Erbauer der Domkuppel; weiter der berühmte Bildhauer der Florentiner Frührenaissance, Donatello (ca. 1386–1466), dessen Werke in den Kirchen Santa Croce und San Lorenzo, im Bargello und im Dommuseum zu sehen sind. Es folgen der Schöpfer der Paradiestür am Baptisterium, Lorenzo Ghiberti (1378–1455) sowie Masaccio (1401–28), der Begründer der italienischen Renaissancemalerei, der die Cappella Brancacci in Santa Maria del Carmine freskierte. Zwei Künstler jener Zeit fallen aus dem Rahmen: das Universalgenie Leonardo da Vinci (1452–1519), zugleich Maler, Zeichner, Naturforscher und Architekt. Da er im nahe gelegenen Vinci geboren ist, sind sowohl im dortigen Museum als auch in den Uffizien seine Werke zu sehen. Michelangelo (1475–1564), das andere Genie, war nicht nur Maler, Architekt und Dichter, sondern einer der bedeutendsten Bildhauer der postantiken Kunst. Seine Davidskulptur ist eines der meistfotografierten Motive der Stadt. Von besonderer Bedeutung für Florenz war in der Folge noch Giorgio Vasari (1511–74), ebenfalls Maler, Schriftsteller und Erbauer u. a. der Uffizien.

STENDHALSYNDROM

Dass Florenz die an Kunstschätzen reichste Stadt der Welt ist, weiß fast jeder Besucher, aber nicht, dass ihm das auch gefährlich werden könnte: Das Stendhalsyndrom lauert! Der französische Schriftsteller Marie-Henri Stendhal beschrieb in seinen 1817 veröffentlichen Reiseskizzen, dass ihn beim Besuch der Kirche Santa Croce die Nähe der dort begrabenen Kunst- und Geistesgrößen dermaßen beeindruckte, dass ihm die Sinne schwanden. Diese Art emotionaler Überreizung wird seither als Stendhalsyndrom beschrieben. Noch heute müssen laut Statistik jährlich etwa ein Dutzend Besucher der Kunststätten dieser Stadt mit diesem Syndrom in Florentiner Krankenhäusern behandelt werden.

ZEITGENÖSSISCHE KUNST

Die Kunst in Florenz beschränkte sich lange Zeit auf die Hinterlassenschaften aus Gotik und Renaissance. Aber langsam beginnt glücklicherweise auch hier die Moderne Einzug zu halten. Henry Moore gelang es 1972 als Erstem, mit einer geradezu umwerfenden Ausstellung am Forte di Belvedere die Florentiner auf moderne Kunst aufmerksam zu machen – und sie sogar zu begeistern. Er schenkte der Stadt eine Skulptur, die nach langen Diskussionen ihren endgültigen Platz vor der Pazzikapelle in Santa Croce fand. Inzwischen wurden viele Skulpturen, u. a. von Giò Pomodoro, Michelangelo Pistoletto, Fernando Botero, Jean-Michel Folon, Mario Ceroli und Romano Costi, auf öffentlichen Plätzen in Florenz aufgestellt. Die sogenannte

CITY-SIGHTSEEING

City-Sightseeing Firenze (www.firenze.city-sightseeing.it) bietet zwei verschiedene Routen an, die Sie quer durch die Stadt bis hinauf auf die grünen Hügel nördlich und südlich des Flusses bringen. Geworben wird mit „hop on – hop off", und so kann man mit demselben Ticket ein, zwei oder drei Tage lang beliebig oft auf einer Route aus- und wieder einsteigen. Die Busse verkehren im 30- bis 60-minütigen Rhythmus. Audioguides geben Erklärungen in acht Sprachen. Tickets und Pläne gibt's direkt im Bus oder im Hotel. *Ostern–Mitte Juni sowie Okt. 9–18, Mitte Juni–Mitte Sept. 9–22 Uhr | 20–30 Euro*

Galleria d'Arte Moderna im Palazzo Pitti widmet sich der jüngeren italienischen Kunstgeschichte. Hier ist vor allem toskanische Malerei aus dem 19. Jh. und 20. Jh. zu sehen. Das erste Museum für moderne Kunst entstand 1988, ausgerechnet in der romanischen Kirche San Pancrazio. Die Ausstellung zeigt Werke des Bildhauers und Grafikers Marino Marini. Seither wurde leider kein weiteres größeres Museum für moderne oder gar zeitgenössische Kunst in Florenz eröffnet. Aber eine Handvoll kleiner Initiativen macht mit ihren Ausstellungen moderner Kunst auf sich aufmerksam. In den Kellerräumen des Palazzo Strozzi (s. S. 36) ist das Kulturzentrum Centro di Cultura Contemporanea Strozzina *(www. strozzina.org)* zu finden, das sich durch sein engagiertes Programm mit Ausstellungen, Installationen, Filmen, Videos, Workshops und Performances einen Namen gemacht hat.

ZUKUNFTSWEISENDES FLORENZ

Ein neuer Wind weht durch Florenz, seit Matteo Renzi, der jüngste Bürgermeister Italiens, hier 2009 die Zügel übernommen hat. Innovation ist das Wort der Stunde. Denn er will seine Stadt lebenswerter machen – für die Bürger und die Besucher. Für Touristen ist besonders relevant, dass jetzt praktisch die ganze Innenstadt Fußgängerzone ist. Insbesondere vom Domplatz und seiner unmittelbaren Umgebung wurde jeglicher Verkehr ohne Ausnahme verbannt. Jetzt können Sie in aller Ruhe von zwischen Blumenkübeln aufgestellten Bänken die Bauwerke betrachten.

Im Februar 2010 wurde die *tramvia*, die neue Straßenbahn, eingeweiht, die auf der Strecke zwischen Santa Maria Novella und Scandicci verkehrt. Eine zweite Linie von der Piazza della Libertà zum

Statue von Jean-Michel Folon am Forte di Belvedere

Universitätsviertel Novoli und zum Flughafen Amerigo Vespucci soll folgen, eine dritte Linie von der Stazione Santa Maria Novella zum Krankenhauskomplex in Careggi ist in Planung. Bürgermeister Renzi ist voller Enthusiasmus und steckt voller Ideen – es bleibt abzuwarten, wie viele er davon bis zum Ende seines Mandats im Sommer 2014 verwirklichen kann.

DER PERFEKTE TAG
Florenz in 24 Stunden

08:00 **MORGENSTUNDE MIT CAPPUCCINO IM MUNDE**

Ein perfekter Start in den Tag gelingt mit einer Brioche und einem wirklich guten Cappuccino im renommierten Café *Rivoire* → S. 62 an der *Piazza della Signoria* → S. 38, die mit dem *Palazzo Vecchio* → S. 36 und der *Loggia dei Lanzi* → S. 33 als einer der inspirierendsten Orte von Florenz gilt.

09:00 **KUNSTVOLLER START IN DEN VORMITTAG**

Promenieren Sie über die Via dei Calzaiuoli am ehemaligen Getreidespeicher *Orsanmichele* → S. 35 vorbei und schlendern Sie über die Piazza della Repubblica, wo Sie eine deutsche Zeitung am Kiosk unter dem Triumphbogen kaufen können. Dann gehen Sie zum majestätischen *Palazzo Strozzi* → S. 36, in dem vielleicht gerade eine interessante Kunstausstellung stattfindet.

10:00 **SHOPPEN IN DER FEINSTEN STRASSE**

Vom Palastinnenhof geht es direkt auf die Via Tornabuoni, die Luxusmeile der Haute Couture. Hier können Sie sich – einen größeren Geldbeutel vorausgesetzt – neu einkleiden, z. B. mit exklusiver Mode bei *Emilio Pucci* → S. 77 (Foto li.) oder mit Schuhen von *Salvatore Ferragamo* → S. 78.

11:00 **LESEPAUSE AUF DER PIAZZA**

Weiter westwärts kommen Sie durch die winkeligen Gassen des mittelalterlichen Florenz, vorbei am *Museo Marino Marini* → S. 46, bis zur schönen Piazza Santa Maria Novella, wo Sie auf einer der dort aufgestellten Bänke einen Blick in Ihre Zeitung werfen oder sich ein bisschen sonnen können, ehe Sie die Kirche *Santa Maria Novella* → S. 48 mit ihren unermesslichen Kunstschätzen besuchen.

12:00 **MITBRINGSEL UND MEDICI**

Stadteinwärts gelangen Sie nun zu den *Cappelle Medicee* → S. 45, einem beeindruckenden Mausoleum der Medici-Familie, und zur Kirche *San Lorenzo* → S. 45. Drumherum brummt der große Touristenmarkt, auf dem Sie sicher ein nettes Mitbringsel finden.

13:00 **MITTAG AM MARKT**

Jetzt kommt es auf die Größe Ihres Hungers an. In der Markthalle können Sie sich an vielen Ständen leckere *panini* zusammenstellen lassen oder gegenüber der Kirche, versteckt hinter den Marktständen, zum Mittagessen bei *Gozzi Sergio* → S. 68 einkehren. In dieser typischen Trattoria essen Sie gemeinsam mit vielen Florentinern, die sich hier einen Teller guter Pasta gönnen.

`15:00` ZUM DOM

Gestärkt laufen Sie jetzt weiter den Borgo San Lorenzo mit seinen vielen Schuhgeschäften entlang, bis Sie auf dem Platz zwischen dem überwältigenden *Dom* → S. 29 und dem *Baptisterium* → S. 28 stehen. Sie sollten sich außerdem Zeit für einen Besuch des lohnenswerten *Museo dell'Opera del Duomo* → S. 34 nehmen, denn hier können Sie die Originale der faszinierenden Bildhauerarbeiten sehen.

`16:00` DANTE UND EIN HÖLLISCH GUTES EIS

Die Via del Proconsolo führt Sie etwas von den Touristenmassen weg. Machen Sie einen Schlenker zu *Dantes Geburtshaus* → S. 29 (Foto li.), ehe Sie durch den Borgo degli Albizi schlendern. Die eisschleckenden Menschen kommen Ihnen von *Vivoli* → S. 63 (Foto re.) entgegen – es ist die beste Eisdiele der Stadt.

`17:00` DAS PANTHEON VON FLORENZ

Wenige Schritte weiter öffnet sich wie eine Theaterkulisse die Piazza Santa Croce mit der prachtvollen Franziskanerkirche *Santa Croce* → S. 52, dem Pantheon von Florenz. Sputen Sie sich etwas, um bis 17.30 Uhr die Lederwerkstatt *Scuola del Cuoio* → S. 76 zu erreichen, in der u. a. der König von Marokko oder der englische Adel Stammkunden sind. Anschließend ist es Zeit für einen Aperitif im *Moyo* → S. 82.

`20:00` UND ZUM SCHLUSS ...

Krönen Sie diesen Tag mit einer *bistecca alla fiorentina* in der *Osteria dei Pazzi* → S. 67. Oder genießen Sie lieber etwas Kultur, z. B. eine Aufführung im historischen Logentheater *Teatro della Pergola* → S. 85.

Reine Wegstrecke: ca. 4 km.
Verzichten Sie auf das Frühstück im Hotel und genießen Sie dafür den Morgen im noch verschlafenen Florenz.

SEHENSWERTES

CITY WOHIN ZUERST?

Ponte Vecchio (122 B–C5) *(🗺 F5)*: Stellen Sie sich auf die berühmte Arnobrücke und verschaffen Sie sich einen Überblick: Etwas stadtauswärts liegen der mächtige Palazzo Pitti und die Via Maggio mit ihren Antiquitätengeschäften. Auf der anderen Flussseite sehen Sie die Uffizien. Dahinter folgen die Piazza della Signoria mit dem Palazzo Vecchio, dem Wahrzeichen der Stadt, und etwas weiter nordöstlich die Piazza della Repubblica und der Domplatz. Elektrobus C3 und D, Parkmöglichkeit Stazione Santa Maria Novella.

Wenn Sie die Schönheit von Florenz in ihrer Gesamtheit erkunden wollen, sollten Sie dies am besten in den ganz frühen Morgenstunden tun, wenn nur hin und wieder ein Wagen der Stadtreinigung durch die Straßen rattert und keine Menschenmassen die Sicht auf die architektonischen Ensembles versperren.

Man muss Florenz zu Fuß genießen – keine Schwierigkeit, denn fast alle Sehenswürdigkeiten liegen innerhalb der Quadratmeile des Zentrums! Die Kirchen sind im Allgemeinen 8–12.30 und 15 bzw. 16–18 Uhr geöffnet. **INSIDER TIPP** Sammeln Sie Kleingeld: Die Sprechsäulen und die Apparate zum Einschalten der Scheinwerfer in Kapellen werden damit gefüttert! Die Museumslandschaft von Florenz ist unendlich vielfältig: Außer den weltbe-

Kunst, wohin man blickt – weltbekannte Museen, prächtige Kirchen und prunkvolle Paläste warten auf Ihren Besuch

rühmten Uffizien und dem Palazzo Pitti mit ihren großen Gemäldesammlungen sind das Museo Nazionale del Bargello und die Galleria dell'Accademia mit bedeutenden Skulpturen sowie eine Vielzahl über die Stadt verstreute wissenschaftliche und andere Museen sehenswert. Beachten Sie, dass in der Regel der Einlass in Kirchen, Museen und Parks 30–60 Minuten vor Schließung aufgehoben wird.

Einen Überblick über die staatlichen Museen und deren Programm bekommt man bei *www.firenzemusei.it*, während *www.museifiorentini.it* über die städtischen Museen informiert. Um lange Warteschlangen zu umgehen, sollten Sie Florenz am besten im Winter besuchen oder die Eintrittskarten für alle staatlichen Museen schon vorab online reservieren *(mind. 5 Tage vorher (!) unter www.firenzemusei.it oder Tel. 055294883 | Reservierungsgebühr: ca. 4–5 Euro, bei Sonderausstellungen 3 Euro zusätzlich).*

Was immer Sie auch in Florenz unternehmen, ziehen Sie sich bequeme Schu-

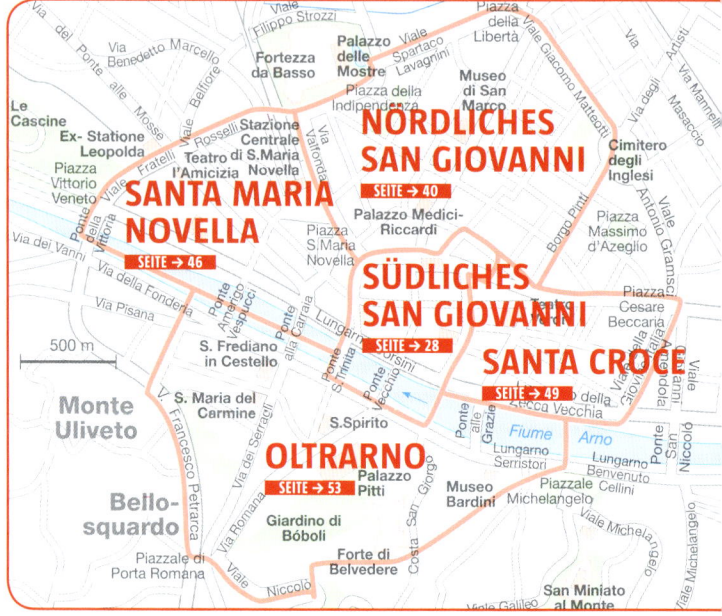

Die Karte zeigt die Einteilung der interessantesten Stadtviertel. Bei jedem Viertel finden Sie eine Detailkarte, in der alle beschriebenen Sehenswürdigkeiten mit einer Nummer verzeichnet sind

he an! Die Bürgersteige sind oft schmal, das Pflaster holprig und alt. Marschieren Sie ruhig drauflos. Die Stadt ist klein, und die fast überall sichtbare Kuppel des Doms macht es fast unmöglich, dass Sie sich verirren.

SÜDLICHES SAN GIOVANNI

Das Gebiet zwischen Dom und Palazzo Vecchio, dem Regierungspalast, ist das Zentrum der Stadt. Wo früher Römer durch den Cardo Maximus marschier-ten, schieben sich auf der heutigen Via dei Calzaiuoli die Touristen.

Seit jeher verbindet die Straße mit ihren vielen Mode- und Schuhgeschäften, Eisdielen und den unvermeidlichen Pizzaläden das geistliche mit dem weltlichen Zentrum. Hier tickt das Herz von Florenz, und jeder, auch der eiligste Tourist, kommt dort entlang.

■1■ BATTISTERO DI SAN GIOVANNI
(122 C3) (*m* F4)

Das Innere der achteckigen Taufkirche mit weiß-grüner Marmorverkleidung beeindruckt vor allem durch das große **INSIDERTIPP ▶** byzantinische Kuppelmosaik und den schönen Mosaikfußboden aus dem 12. Jh. Eine eingehende

Betrachtung verdienen die drei *Bronze-portale* des Baptisteriums. Am berühmtesten ist die zum Dom gerichtete *Paradiestür*. 26 Jahre (1426–52) war man in der Werkstatt von Lorenzo Ghiberti mit der Fertigung des Portals beschäftigt. Auf zehn Bronzefeldern sind Szenen aus dem Alten Testament dargestellt. Der Glatzkopf in der rechten Leiste des linken Türflügels ist ein Selbstporträt Ghibertis. Einige der Reliefplatten wurden 1966 von der Flut des Arno weggespült und durch Kopien ersetzt; die Tür erstrahlt jetzt im Glanz ihrer neuen Vergoldung. Die restaurierten Originalplatten befinden sich im Dommuseum. Ebenfalls von Lorenzo Ghiberti stammt das *Nordportal* mit seinen 28 Feldern. Das älteste ist das *Südportal*, an dem Andrea Pisano 1330–36 die geistlichen und die weltlichen Tugenden darstellte. *Mo–Sa 11.15–19, So und 1. Sa im Monat 8.30–14 Uhr | Eintritt 5 Euro | Piazza di San Giovanni | www. operaduomo.firenze.it*

🔳 CASA DI DANTE (123 D4) *(🕮 F5)*
Benannt ist dieses mittelalterliche Haus nach Dante Alighieri, der hier vermutlich geboren ist. In den Sälen der drei Stockwerke werden verschiedene Ausgaben seiner „Divina Commedia" sowie Dokumente über sein politisches und literarisches Leben und sein Exil in Ravenna gezeigt. *Okt.–März Di–So 10–17, April–Sept. tgl. 10–18 Uhr | Eintritt 4 Euro | Via Santa Margherita 1 | www.museocasadidante.it*

🔳 DUOMO DI SANTA MARIA DEL FIORE & CAMPANILE ★ ●
(122–123 C–D3) *(🕮 F–G4)*
Der *Dom* mit seiner mächtigen Kuppel bestimmt weithin die Silhouette der Stadt. Sein Bau war gewissermaßen ein später Triumph, denn Pisa, Lucca, Pistoia, Prato und Siena hatten alle schon ihre prunkvollen Kathedralen, als sich die Stadtregierung 1296 endlich zum Bau einer neuen Kathedrale für Florenz durchrang und Arnolfo di Cambio mit ih-

---

★ **Duomo & Campanile**
Großartig ist der Reichtum im Inneren des Doms, und einmalig der Blick von Kuppel oder Glockenturm → S. 29

★ **Galleria degli Uffizi**
Über 39 Säle verteilt sich die weltberühmte Gemäldesammlung → S. 32

★ **Palazzo Vecchio**
Eindrucksvolle Räume aus der Blütezeit der Stadt → S. 36

★ **Ponte Vecchio**
Am schönsten ist die berühmte Brücke bei abendlicher Illumination → S. 39

★ **Galleria dell'Accademia**
Michelangelos David und eine grandiose Sammlung spätgotischer Malerei → S. 41

★ **San Lorenzo**
Ihre Grabkapellen ließen sich die Medici von berühmten Künstlern gestalten → S. 44

★ **Museo Nazionale del Bargello**
Skulpturenmuseum in einem früheren Gefängnis → S. 51

★ **Santa Croce**
Das Pantheon von Florenz → S. 52

★ **Giardino di Boboli**
Eine grüne Oase hinter dem Palazzo Pitti → S. 54

★ **San Miniato al Monte**
Ein Heiliger über der Stadt → S. 59

MARCO POLO HIGHLIGHTS

rer Errichtung beauftragte. 1368 war der mächtige Bau vollendet – allerdings fehlte noch die ● *Domkuppel*; sie wurde erst in den Jahren 1420–34 von Filippo Brunelleschi aufgesetzt. Der vorgesehene Kuppeldurchmesser von über 45 m warf bisher nie da gewesene Konstruktionsprobleme auf. Brunelleschis Konzept beruhte im Wesentlichen darauf, dass einander zugeneigte Körper sich gegenseitig stützen, und so baute er einen geschlossenen Kuppelring auf den anderen.

Wenn Sie sich zutrauen (Achtung: Einbahnstraße – umkehren nicht möglich!), die 463 Stufen bis zur ☀ Laterne durch das Kirchenschiff und die Doppelwand der Kuppel hochzusteigen, nehmen Sie denselben Weg, den einst die Bauarbeiter zurücklegten. Hier bieten sich interessante Einblicke in das **INSIDER TIPP** „Innenleben" der Kuppel – und am Ende ein toller Blick über die Stadt!

Der Dom von Florenz ist die viertgrößte Kirche der Christenheit. Seine Grundfläche beträgt 8300 m², seine Länge 160 m. Viele namhafte Florentiner Künstler ha-

ben zu seiner Ausschmückung beigetragen. Das große Reiterbild (das zweite auf der linken Seite) stellt den Söldnerführer John Hawkwood dar, der für Florenz einst eine Schlacht gewann; es wurde 1436 von Paolo Uccello gemalt und diente als Vorbild für alle späteren Reiterstandbilder. Das Reiterbild des Niccolò da Tolentino daneben stammt von Andrea del Castagno (1456). Sehr schön sind die bunten Rundfenster an der Basis der Kuppel, deren Entwürfe von einigen der berühmtesten Künstler des 14. Jhs. stammen, und die grandiosen Fresken des *Weltgerichts*, mit denen Giorgio Vasari und Federico Zuccari die Kuppel 1572–79 ausmalten.

Die bunt glasierten *Terrakottareliefs* über den Eingängen der beiden Sakristeien stammen, wie auch die *Bronzetür* zur Neuen Sakristei links vom Hauptaltar, von Luca della Robbia (1444–69). Die berühmten Sängerkanzeln von Donatello und Luca della Robbia sowie die *Pietà* von Michelangelo sind heute im *Museo dell'Opera del Duomo* zu sehen.

Garantierte Aussicht nach 414 Stufen: Begehbar wie die Domkuppel ist auch der Campanile

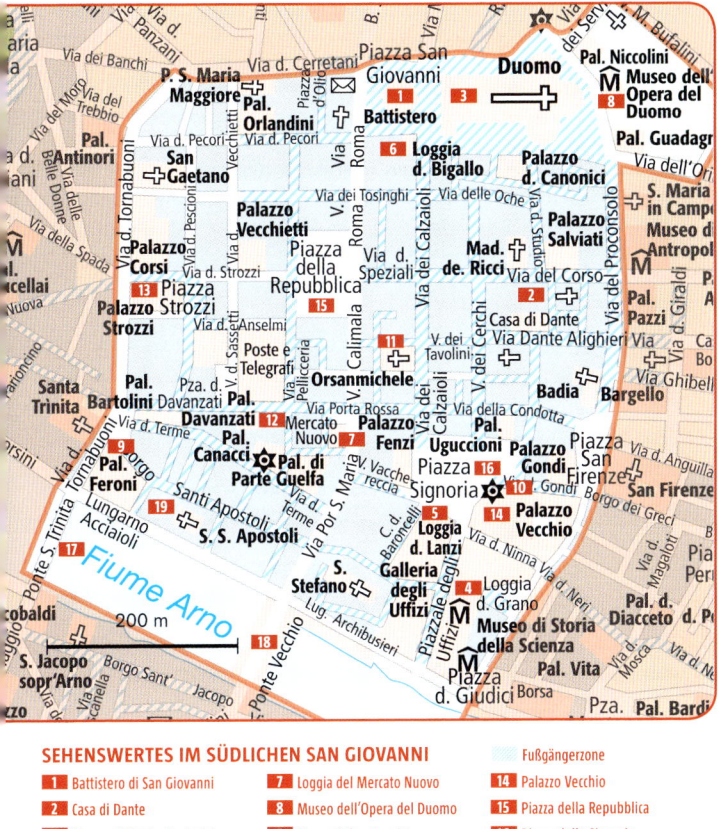

SEHENSWERTES IM SÜDLICHEN SAN GIOVANNI

Fußgängerzone

1 Battistero di San Giovanni
2 Casa di Dante
3 Duomo di Santa Maria del Fiore & Campanile
4 Galleria degli Uffizi
5 Loggia dei Lanzi
6 Loggia del Bigallo
7 Loggia del Mercato Nuovo
8 Museo dell'Opera del Duomo
9 Museo Salvatore Ferragamo
10 Museo Gucci
11 Orsanmichele
12 Palazzo Davanzati
13 Palazzo Strozzi
14 Palazzo Vecchio
15 Piazza della Repubblica
16 Piazza della Signoria
17 Ponte Santa Trinita
18 Ponte Vecchio
19 Santissimi Apostoli

Eine Treppe rechts vom Haupteingang führt hinab in die 1966 freigelegten Reste der frühchristlichen Vorgängerkirche *Santa Reparata*, in der sich u. a. das Grab Brunelleschis befindet. 2000 wurde ein dort aufgefundenes Skelett eindeutig als das von Giotto (1267–1337) identifiziert, den man daraufhin neben Brunelleschi

beisetzte. Von außen ist der Dom mit weißem Carrara-Marmor und grünem Marmor aus Prato verkleidet. Die bis dahin unverkleidete Vorderfront erhielt erst 1887 ihre neugotische Fassade.

Direkt neben dem Dom steht der *Campanile* (Glockenturm), den Giotto entwarf, und der 1334–59 errichtet wurde. Er gilt aufgrund seiner harmonischen Proportionen und Farbigkeit als einer der schönsten Italiens. Auch er ist im Inkrustationsstil mit weißem, rotem und grünem Marmor verkleidet. Den unteren Teil schmücken 54 Flachreliefs aus der Schule Andrea Pisanos, in den Nischen darüber stehen Heiligen-, Propheten- und Sibyllenstatuen u. a. von Donatello (Originale ebenfalls im Dommuseum). 414 bequeme Stufen geht es den Campanile hinauf zur Balustrade des Flachdachs und zu einem faszinierenden Ausblick. *Dom: Mo–Fr 10–17, Do 10–16.30, Sa 10–16.45, So 13.30–16.45 Uhr; Kuppel: Mo–Fr 8.30–19, Sa 8.30–17.40 Uhr | Eintritt 8 Euro | Campanile: tgl. 8.30–19.30 Uhr | Eintritt 6 Euro | Krypta S. Reparata: Mo–Mi, Fr 10–17, Do bis 16.30, Sa bis 16.45 Uhr | Eintritt 3 Euro | www.operaduomo.firenze.it*

4 GALLERIA DEGLI UFFIZI ★ ●
(122 C5) (*F5*)

Das Gebäude wurde im Auftrag Cosimo I. de'Medici 1559–81 nach Plänen Giorgio Vasaris erbaut, um die Ämter des Staats aufzunehmen. Inzwischen beherbergt es eine der reichhaltigsten und berühmtesten Gemäldesammlungen der Welt sowie das *Gabinetto dei Disegni e delle Stampe*, eine Sammlung von 104 000 Zeichnungen und Drucken. Noch immer dauern die 2008 begonnenen Bauarbeiten für die *Nuovi Uffizi*, die „Neuen Uffizien", an (mitzuverfolgen unter *www.nuoviuffizi.it*), jedoch wurden bereits 1800 m² weitere Präsentationsflächen geschaffen. Das neue Ausstellungskonzept beinhaltet auch eine neue Beleuchtung sowie Restaurierung der Marmorböden und Decken. Nach Ende der Arbeiten werden zusätzlich zu den bisher zu betrachtenden Werken auch viele der seit Jahren in den Magazinen versteckten Kunstgegenstände zu sehen sein.

Die Gemälde des Museums sind in chronologischer Reihenfolge und nach Schulen ausgestellt. Schwerpunkt bildet die italienische Renaissance. Im ersten Stockwerk können Sie die Porträts der Medici-Familie besichtigen, Gemälde von Bronzino, Pontormo und anderen bekannten Manieristen sowie Werke von Caravaggio und Raphael *(Madonna del Cardellino)*. Die neu eröffneten *Sale Blu,* die blauen Säle, sind spanischen und französischen Malern sowie den Niederländern – u. a. Rubens *(Bildnis der Isabella Brandt),* Rembrandt und van Dyck – gewidmet. Auf den breiten Korridoren im zweiten Stock sind griechische und römische Statuen sowie flämische Gobelins zu sehen. Die kostbarsten Statuen stehen auf eigens für sie angefertigten Sockeln in der *Tribuna del Buontalenti,* dem prachtvollen achteckigen Raum, der als einer der ersten für Kunstwerke konzipiert wurde und den Sie nach langer Restaurierung endlich wieder bewundern können.

Dem vorgegebenen Wegweiser folgend, kommt man zuerst zu den großen gotischen Altartafeln von Cimabue und Giotto, gefolgt von Werken der Si-

Das schönste Freiluftmuseum der Stadt – die Loggia dei Lanzi an der Piazza della Signoria

eneser Schule des 14. Jhs. und den großen Malern der Frührenaissance: Masaccio, Piero della Francesca und auch Sandro Botticelli, dessen Gemälden, darunter der *Geburt der Venus*, ein eigener Saal gewidmet ist. Von Leonardo da Vinci stammt die große *Anbetung der Könige*. Auf der Westseite des Gebäudes befinden sich die Werke von Tizian *(Venus von Urbino)*, von den aus Venedig stammenden Künstlern Veronese, Tintoretto und Caravaggio, sowie der neu konzipierte und 2013 eröffnete Saal 35, die *Sala Rossa*, in der Sie u. a. das *Tondo Doni,* eines der bekanntesten Gemälde Michelangelos, bewundern können. Zwischen den Sälen 25 und 34 geht die Tür zum *Corridoio Vasariano (wegen Renovierung bis 2014 geschlossen)* ab, ein fast 1 km langer Gang, der die Uffizien über den Ponte Vecchio mit dem Palazzo Pitti verbindet. Ihn schmücken fast 1000 Gemälde, darunter zahlreiche Künstlerselbstbildnisse. Es werden auch Führungen durch die Uffizien angeboten. *Di–So 8.15–18.50 Uhr | Eintritt 6,50 Euro, bei Sonderausstellungen 11 Euro | Loggiato degli Uffizi 6 | www. nuoviuffizi.it*

5 LOGGIA DEI LANZI ●
(122 C5) (*M* F5)

Schon in den Jahren 1376–82 ließ die Stadtverwaltung die Loggia für Empfänge und zeremonielle Anlässe vermutlich von Orcagna errichten. Der Name *Loggia dei Lanzi* bürgerte sich ein, als Cosimo I. hier seine Söldnertruppe, die *lanzichenecchi* (Landsknechte), unterbrachte. Mit ihren drei herrlichen Rundbögen ist die Loggia ein herausragendes Beispiel der Florentiner Gotik. Zwei Skulpturengruppen ließ Cosimo I. hier aufstellen, die dem Triumph der Machtherrschaft über die Demokratie Ausdruck verleihen sollten: Die restaurierte Bronzegruppe des *Perseus* (1545–54), ein Meisterwerk von Benvenuto Cellini, steht in neuem Glanz am alten Platz (der Marmorsockel ist eine Kopie, das Original befindet sich im Museo Nazionale del Bargello). Die manieristisch gedrehten Figuren des *Raub der Sabinerinnen* etwas weiter rechts stammt von Giambologna (1583). Weitere Skulpturen, darunter sechs römische Frauenstatuen an der Rückwand, vervollständigen die Freiluftgalerie. Auf dem Dach der Loggia wurde 1583 ein damals berühmter hängender Garten angelegt; heute befindet sich dort ein von den Uffizien zugängliches ✂ Café, von dem Sie eine herrliche Sicht über den Platz haben. *Piazza della Signoria*

6 LOGGIA DEL BIGALLO
(122 C3) (*M F5*)

An der Ecke der Piazza S. Giovanni beim Dom ließen Laienbrüder ausgesetzte Kinder in ihrer Loggia spielen, um Pflegeeltern für sie zu finden. Die Bruderschaft der *Misericordia* hatte den spätgotischen Bau 1352 in Auftrag gegeben; 1425 vereinigte sie sich mit der Bruderschaft Santa Maria del Bigallo, deren Namen die Loggia trägt. Während unten in der Unfallstation der *Misericordia* Ärzte unentgeltlich praktizieren, befindet sich im oberen Stock eine kleine, für die Tätigkeit des

LOW BUDGET

▶ Die Eintrittspreise der Museen sind relativ hoch, doch Jugendliche unter 25 Jahren aus EU-Ländern zahlen in den staatlichen Museen von Florenz nur den halben Preis, unter 18 und über 65 Jahren ist der Eintritt frei (Ausweis nicht vergessen!).

▶ Im Frühling sind alle staatlichen Museen eine Woche lang kostenlos geöffnet. Den exakten Zeitpunkt erfahren Sie in den Infobüros.

▶ Während des internationalen Festivals *Maggio Musicale Fiorentino* im Mai und Juni kann man meist sonntagvormittags den grandiosen Generalproben in verschiedenen Spielhäusern kostenlos zusehen. Infos unter *www.maggiofiorentino.com*.

Ordens aufschlussreiche Kunstsammlung. *Mo–Sa 9–18.45, So 9–13.50 Uhr, Besichtigung nur mit tel. Reservierung | Tel. 0 55 28 84 96 | Piazza San Giovanni 1*

7 LOGGIA DEL MERCATO NUOVO
(122 C4) (*M F5*)

Die offenen, gewölbten Säulenhallen waren im Florenz des 14.–16. Jhs. beliebt als privater Empfangsraum und öffentliche Markthallen. Früher wurden hier Gold und Silber verkauft, heute sind es Strohwaren, Tischdecken und Souvenirs. Am besten ist die Architektur der 1547 erbauten Loggia im Winter sonntags und montagvormittags sichtbar, wenn die Stände abgebaut sind. Anziehungspunkt für alle Touristen ist der Bronze-Eber auf der Südseite der Loggia, das *porcellino* (Original im Museo Bardini, Vorbild aus Marmor in den Uffizien). Eine in den Brunnen geworfene Münze und das Streicheln seiner Schnauze versprechen die sichere Rückkehr nach Florenz. *Via Porta Rossa/Via Por Santa Maria*

8 INSIDER TIPP MUSEO DELL'OPERA DEL DUOMO (123 D3) (*M G4–5*)

Hier sind die Originalskulpturen ausgestellt, die an Dom, Baptisterium und Campanile durch Kopien ersetzt wurden, sowie alle mit dem Bau dieser Gebäude verbundenen Werkzeuge, Pläne und Projekte. Auch Michelangelos berühmte Pietà ist hier zu finden. *Mo–Sa 9–19.30, So 9–13.40 Uhr | Eintritt 6 Euro | Piazza del Duomo 9 | museo.operaduomo.fi.it*

9 MUSEO SALVATORE FERRAGAMO
(122 B4) (*M F5*)

In den unteren Räumen des Palazzo Spini Feroni erzählen unzählige Schuhpaare die Geschichte des Schuhkönigs Salvatore Ferragamo (1927–60) und seiner Marke. Ausgestellt sind u. a. die Modelle von Marilyn Monroe, Greta Garbo, Audrey

Hepburn oder Judy Garland. *Mi–Mo 10–18, Aug. Mo–Sa 10–13 und 14–18 Uhr | Eintritt 5 Euro | Piazza Santa Trinita 5r | www.museoferragamo.it*

10 MUSEO GUCCI (123 D4) (⌖ F5)

Gucci steht für Florentiner Mode, Stil und Qualität. Seit 2012 können Sie hier auf drei Stockwerken die Geschichte der 1921 in Florenz gegründeten und heute weltweit bekannten Marke verfolgen und auch Souvenirs erwerben. *Tgl. 10–20 Uhr | Eintritt 6 Euro | Piazza della Signoria | www.guccimuseo.it*

des Untergeschosses diente – neben ihrer Funktion als Andachtsraum – gleichzeitig als Markthalle, die darüber liegenden Stockwerke waren Getreidespeicher. Um die Mitte des 14. Jhs. schloss man die Arkaden der Loggia im Erdgeschoss mit Drillingsfenstern, und um das 1347 von Bernardo Daddi gemalte *Bildnis der Gnadenmadonna* errichtete Andrea Orcagna ein monumentales gotisches Tabernakel. Der Markt wurde 1361 aus dem Erdgeschoss ausgelagert, die beiden oberen Stockwerke bis weit ins 16. Jh. als Getreidelager genutzt. Scharten in den Nord-

Orsanmichele sieht aus wie ein Palazzo, ist aber eine Kirche

11 ORSANMICHELE (122 C4) (⌖ F5)

Ein Stopp in der Kirche Orsanmichele ist ein Muss für Florenzbesucher. Die Geschichte des Gotteshauses, das eher einem mittelalterlichen Palast als einer Kirche gleicht, ist typisch für den praktisch orientierten Sinn der Florentiner.

Nachdem die schon im 8. Jh. erwähnte Kapelle *San Michele in Orto* durch ein Feuer zerstört worden war, befahl die *Signoria* 1336 den Zünften den Bau einer neuen Kirche. Die offene Pfeilerhalle

pfeilern lassen noch erkennen, wo in Notzeiten das Getreide herabgelassen wurde – man verteilte es kostenlos an Bedürftige, um die Stadt vor Aufständen zu bewahren. Heute werden in den oberen Stockwerken Ausstellungen veranstaltet – eine gute Gelegenheit, auch die schönen gotischen Räume zu betrachten. In 14 Außennischen der Kirche stehen Statuen der Schutzheiligen der Zünfte von bedeutenden Renaissancebildhauern. Die meisten, so auch Donatellos be-

Originalgetreue Interieurs im Palazzo Davanzati

Renaissance wider. Nach aufwendiger Restaurierung erstrahlen erneut die herrschaftlichen Wandmalereien im *Papageiensalon* sowie im Herren- und Damengemach. In der Küche im 3. Stock *(nur mit Reservierung: Tel. 05 52 38 86 10)* sind auch Haushaltsgegenstände des täglichen Gebrauchs ausgestellt. *Tgl. 8.15–13.50 Uhr, 2. und 4. So sowie 1., 3. und 5. Mo im Monat geschl. | Eintritt 2 Euro | Via Porta Rossa 13*

🔟 PALAZZO STROZZI ●
(122 B4) (*F5*)

Der Florentiner Renaissancepalast schlechthin. Nicht weniger als fünfzehn Häuser mussten weichen, damit dieser Palast aus grob behauenen Steinen in seiner dominierenden Lage gebaut werden konnte. Baubeginn war 1489 unter Benedetto da Maiano, beendet wurde er 1536 durch Simone del Pollaiuolo, genannt Cronaca. Er führte auch den weitläufigen, arkadengeschmückten Innenhof aus. Heute werden im Palazzo Strozzi hochkarätige Kunstausstellungen gezeigt. *Fr–Mi 9–20, Do bis 23 Uhr | Eintritt 10 Euro | Piazza Strozzi | www. palazzostrozzi.org*

🔟 PALAZZO VECCHIO ★ 🌼
(123 D5) (*F5*)

Der grandiose, zinnenbewehrte Palast mit seinem 94 m hohen Turm, 1299–1314 von Arnolfo di Cambio errichtet, war zunächst Amtssitz und Wohnung der höchsten Beamten der Republik.
1540 machte Cosimo I. den mittelalterlichen Palast zur herzoglichen Residenz und verhalf ihm durch prunkvolle Um- und Ausbauten zu neuem Glanz; das mittelalterliche Äußere blieb weitgehend unangetastet. Verantwortlich für alle Baumaßnahmen in dieser Zeit war Giorgio Vasari, der im Eifer jedoch auch unwiederbringliche Kunstwerke wie Leo-

rühmte *Marmorstatue des hl. Georg*, des Patrons der Waffenschmiede, wurden durch Bronzekopien ersetzt. Die Originale befinden sich heute im *Museo Nazionale del Bargello*. *Tgl. 10–17 Uhr | Eintritt frei | Via dell'Arte della Lana*

🔟 INSIDER TIPP PALAZZO DAVANZATI
● (122 B4) (*F5*)

Entdecken Sie einen der schönsten Paläste der Stadt: Komplett eingerichtet mit Möbeln, Gemälden und Gegenständen spiegelt er originalgetreu ein Florentiner Haus zwischen Mittelalter und

nardo da Vincis *Schlacht von Anghiari* im Salone dei Cinquecento zum Ruhm der Medici übermalte. Seinen heutigen Namen, *Palazzo Vecchio* (Alter Palast), bekam der Bau, als der Hofstaat in den „neuen", den Palazzo Pitti, zog.

Der schöne, durch Michelozzo 1470 umgestaltete *Innenhof* wurde 1565 anlässlich der Hochzeit Ferdinands I. mit Johanna von Österreich mit österreichischen Stadtansichten ausgemalt. Die *Quartieri Monumentali*, die Prunkräume, liegen im ersten Obergeschoss.

Im gewaltigen *Salone dei Cinquecento*, dem Saal der Fünfhundert, versammelte sich einst der städtische Rat, später ließ ihn Cosimo I. zur Audienzhalle umgestalten. Der 53,7 m lange, 22,4 m breite und 17,8 m hohe Saal ist der größte Raum der Stadt und wird – wie auch die *Sala dei Dugento* mit einer prachtvollen Holzdecke von Benedetto und Giuliano da Maiano – immer noch bei besonderen Festlichkeiten benutzt. Vor den monumentalen Schlachtenbildern von Vasari sind Marmorstatuen aufgestellt, unter ihnen der *Genius des Sieges* von Michelangelo und *Florenz besiegt Pisa* von Giambologna.

Im zweiten Geschoss liegen die *Quartieri degli Elementi* und die Räume der Eleonora di Toledo. Die anschließende *Cappella della Signoria* malte 1514 von Ghirlandaio mit Fresken aus. Besonders prächtig sind die *Sala dell'Udienza* mit ihrer reich geschnitzten Decke und dem Marmorportal von Benedetto da Maiano sowie die *Sala dei Gigli*, der ganz mit der Wappenlilie Frankreichs ausgemalte Liliensaal. Hier steht Donatellos Bronzegruppe *Judith und Holofernes*. In der *Segreteria* arbeitete einst Machiavelli als Sekretär der Republik. Interessant sind auch in der *Guardaroba* Schränke, die mit 53 Landkarten aus den Jahren 1563–75 bemalt sind. Im ältesten Teil des Baus, in der füheren Waffenkammer *(Sala d'Arme)* finden heute Wechselausstellungen statt. Der Eingang hierzu liegt auf der linken Seite des Palasts.

An zwölf Multimediastationen erhält man Einblicke in die Geschichte, die Kunst und die Architektur dieses Gebäudes. Außerdem sind mehrere bisher nicht zugängliche Teile des Palasts in sogenannten **INSIDER TIPP** geheimen Rundgängen *(percorsi segreti)* mit Führung zu besichtigen. Neu eingerichtet wurden im zweiten Innenhof, dem *Cortile della Dogana*, ein Bookshop und das Ticketoffice. Das *Museo Dei Ragazzi (s. S. 96)*, ein Ateliermuseum für Eltern und Kinder, betritt man ebenfalls von hier. *Palast/ Quartieri Monumentali: Fr–Mi 9–19, Do 9–14 Uhr | Eintritt 6,50 Euro | Vorbestellung Tel. 05 52 76 82 24 | Percorsi segreti,*

LICHTER DER STADT

Flusssandfischer haben ihre alten Kähne gemütlich ausgestattet und staken Besucher ca. eine Stunde leise und sicher unter den Brücken hindurch, während sie von vergangenen Zeiten und ihrer mühevollen Arbeit erzählen. Vor allem am Abend, wenn die Paläste entlang der Ufer erleuchtet sind, ist eine Flussfahrt eine selten schöne Art, Florenz zu betrachten! Von Mai bis September – wann immer der Fluss es erlaubt. Minimum 5 Personen. *Pro Pers. 12 Euro | Tel. Info/Buchung über Antonio Bellacci 34 77 98 23 56 | www.renaioli.it*

Gebieterisch blickt Neptun vom Brunnen über die Piazza della Signoria

Museo dei Ragazzi: Mo–Sa 9.30–17, So bis 12.30 Uhr | Ticket zusätzlich 2 Euro | nur nach tel. Anmeldung | Piazza della Signoria | Eingang von der Via dei Gondi | www.musefirenze.it/musei

15 PIAZZA DELLA REPUBBLICA
(122 C3–4) (*M F5*)

Immer schon war er ein Zentrum der Stadt: Erst römisches Forum, dann Marktviertel und Ghetto wurde der Platz nach der Erhebung von Florenz zur Hauptstadt Italiens 1890 neu gestaltet und ist heute der von Cafés umgebene, belebte Mittelpunkt des Geschäftsviertels.

16 PIAZZA DELLA SIGNORIA
(122 C4–5) (*M F5*)

Dieser vom wehrhaften Palazzo Vecchio dominierte Platz ist schlichtweg beeindruckend. Die statuengeschmückte *Loggia dei Lanzi* und die *Galleria degli Uffizi* schließen die Südseite der Piazza, an der Nordseite befindet sich der *Palazzo Uguccioni* (1559) und an der östlichen Ausbuchtung des Platzes der *Palast des Handelsgerichts* (1359), an dessen Fassade die Wappen der 21 Zünfte angebracht sind. Die der Palastfront gegenüberliegenden Gebäude mit Cafés und Geschäften wurden Ende des 19. Jhs. dem historischen Stil angepasst.

Durch die vielen hier aufgestellten Skulpturen und Denkmäler erhält der große Platz eine aufgelockerte Atmosphäre. So stehen vor dem Palazzo Vecchio der überlebensgroße *David* aus Marmor von Michelangelo (1504, Kopie, Original in der Galleria dell'Accademia), die Doppelplastik *Herkules und Cacus* von Baccio Bandinelli (1533) und Donatellos um 1460 geschaffene Bronzegruppe *Judith und Holofernes* (Kopie, Original im Palazzo Vecchio).

Zwischen dem kolossalen *Neptunbrunnen* von Bartolomeo Ammanati (1565) und dem *Reiterstandbild Cosimos I. de' Medici* aus Bronze von Giambologna (1594) ist eine Granitplatte mit der Jahreszahl 1498 in den Boden eingelassen. Hier kamen der Dominikanermönch Girolamo Savonarola und zwei seiner Anhänger auf Verlangen des Borgia-Papsts Alexander VI. auf dem Scheiterhaufen ums Leben. Alljährlich am 23. Mai, dem Todestag, legen Kirche und Stadt hier Blumen nieder.

17 PONTE SANTA TRÌNITA ☀
(122 B5) (🗺 F5)

In drei leichten, eleganten Bögen überspannt diese Brücke scheinbar schwerelos den Fluss. Ihr Entwurf geht auf Michelangelo zurück, ausgeführt wurde er jedoch erst 1567–70 von Ammanati. Als man nach Ende des Zweiten Weltkriegs an den Aufbau der zerstörten Brücke ging, fischte man die Reste aus dem Fluss und öffnete zur Gewinnung der fehlenden Teile noch einmal die Steinbrüche im Boboli-Garten, aus denen ursprünglich die Steine zum Bau der Brücke stammten. Von der Brücke haben Sie besonders bei Sonnenuntergang einen herrlichen Blick flussaufwärts und auf den Ponte Vecchio.

18 PONTE VECCHIO ★ ● ☀
(122 B–C5) (🗺 F5)

Die „Alte Brücke" ist eines der Wahrzeichen von Florenz. Schon zu Zeiten der Etrusker bestand ein Flussübergang, in römischer Zeit verlief hier die Via Cassia, einer der wichtigsten Handelswege Roms gen Norden. Die jetzige Brücke, die den Fluss an seiner schmalsten Stelle überquert, wurde 1345 von Neri di Fioravanti oder Taddeo Gaddi errichtet. Charakteristisch sind die überhängenden Brückenläden. Von 1422 bis 1593 betrieben hier hauptsächlich Schlachter ihr Geschäft. Als die großherzogliche Familie in den Palazzo Pitti gezogen war, störte sie der Geruch, und Ferdinand I. verfügte, dass fortan nur noch Gold- und Silberschmiede auf der Brücke ihr Handwerk ausüben durften.

Damit er trockenen Fußes vom Palazzo Vecchio zum Palazzo Pitti gelangen konnte, beauftragte 1565 Cosimo I. seinen Architekten Giorgio Vasari mit dem Bau des *Corridoio Vasariano*, der über den Läden der Ostseite entlangläuft.

SPORTBEGEISTERUNG

Nahezu alle Florentiner sind *tifosi*, Fans der Fußballmannschaft *A. C. F. Fiorentina (www.acffiorentina.it)*. Heimspiele finden jeden zweiten Sonntag statt *(Info bei www.fiorentina.it)*. Tickets gibt es direkt am *Stadio Comunale Artemio Franchi* **(127 E4)** *(🗺 K3) (Viale Manfredo Fanti 4 | Tel. 05 55 03 26 28)* oder im Zentrum nahe der Piazza della Repubblica beim *Chiosco degli Sportivi (Via Anselmi | Tel. 0 55 29 23 63)*. Wichtig: Aus Sicherheitsgründen gibt es Tickets nur bei Vorlage des Personalausweises! Die Pferderennbahn *Ippodromo del*

Visarno **(124 A4–5)** *(🗺 B3) (www. visarno.it)* liegt im Stadtpark, dem *Parco delle Cascine*. Im Internet finden Sie alle wichtigen Infos über aktuelle Events – dort können Sie sich auch für die Galopprennen einschreiben.

30 km nördlich von Florenz, im Herzen des *Mugello*, liegt die gleichnamige Motorrennbahn. Hier wird alljährlich das Motorradrennen *Gran Premio d'Italia* gefahren und ebenso das Autorennen *Formula 3000 (Tel. 05 58 49 91 11 | www.mugellocircuit.it)*. Tickets gibt's im Voraus bei *www.ticketone.it*.

Der Ponte Vecchio blieb als einzige Brücke von der Sprengung durch die Deutschen 1944 verschont; um dies zu ermöglichen, wurden jedoch auf beiden Seiten der Brücke große Teile der alten Wohnquartiere zerstört. Heute ist die Brücke mit ihren Juwelierläden einer der Anziehungspunkte der Stadt.

🟥 19 SANTISSIMI APOSTOLI
(122 B5) (*ഗ F5*)

Die schöne kleine Apostelkirche (11. Jh.) etwas abseits der üblichen Touristenpfade wurde in Form einer altchristlichen Basilika mit halbkreisförmiger Apsis erbaut – laut Fassadentafel eine Stiftung von Karl dem Großen, was sich aber als Legende herausstellte. Die dunkelgrünen Marmorsäulen des Innenraums stammen teils aus nahe gelegenen römischen Thermen. Der bemalte Dachstuhl (14. Jh.) ist der am besten erhaltene in der Stadt. Vom Kirchenvorplatz führt ein schmaler Gang durch die Häuserzeile des Lungarno Corsini zum Fluss. *Tgl. 10–12, 16–18 Uhr | Piazza del Limbo 1*

NÖRDLICHES SAN GIOVANNI

Das Quartier nördlich des Doms spaltet sich in zwei Zonen: Die eine umgibt die Basilika San Lorenzo mit der gleichnamigen Markthalle und bunten Marktzeile, die andere erstreckt sich vom Domplatz hin zu San Marco und Santissima Annunziata, wo früher das Universitätsviertel von Florenz zu finden war.

Die meisten Fakultäten wurden inzwischen nach Novoli verlegt, und mit ihnen verschwanden auch viele Studenten. Nur die Kunststudenten der berühmten *Accademia di Belle Arti* unter den Arkaden der belebten Piazza San Marco geben dem Viertel noch studentisches Flair. Doch das nördliche San Giovanni verwandelt sich seit Jahren: Die Präsenz von vielen Immigranten – seien es erst kürzlich zugezogene, seien es diejenigen der

Pittoresk wie Schwalbennester drängen sich die Juwelierläden am Ponte Vecchio

zweiten oder gar dritten Generation – machen aus dem Stadtteil ein multikulturelles, aber auch ein leicht heruntergekommenes Viertel – je nach Blickwinkel. Obwohl die Hauptattraktionen der Stadt in San Giovanni geballt sind, hat man in den Gassen nördlich vom Dom nicht das Gefühl, ausschließlich von Touristen umringt zu sein.

■1 BIBLIOTECA MEDICEA LAURENZIANA (122 C2) (*m F4*)

Die 1578 vollendete Bibliothek beherbergt heute eine der wertvollsten Handschriftensammlungen der Welt. Der architektonisch höchst eigenwillige Vorraum mit der grandiosen **INSIDER TIPP** *Treppenanlage* sowie die anschließende **INSIDER TIPP** *Sala Grande* wurden von Michelangelo entworfen, ebenso die Lesepulte und die hölzerne Decke. Der Fußboden wiederholt das Deckenmuster. *Mo–Sa 9.30–13.30 Uhr | Eintritt 3 Euro | Piazza San Lorenzo 9 | Eingang links von der Kirchenfassade | www.bml.firenze.sbn.it*

■2 CHIOSTRO DELLO SCALZO ● (126 A5) (*m G3*)

Dieses kleine, versteckte Juwel war einst die Eingangshalle der Kapelle der zerstörten Kirche der *Compagnia dei Disciplinati di San Giovanni Battista,* der spirituellen Nachfolger Johannes des Täufers. Einer von ihnen war der Renaissancemaler Andrea del Sarto; er erhielt den Auftrag, den Innenhof mit der Geschichte des Täufers auszumalen. Die eleganten Fresken wurden 1507–26 in monochromem Stil ausgeführt. *Mo, Do und Sa 8.15–13.50 Uhr | Eintritt frei | Via Cavour 69*

■3 CIMITERO DEGLI INGLESI (126 B5) (*m H4*)

Der 1827 außerhalb der Stadtmauern aufgeschüttete Hügel wurde zur letzten Ruhestätte der in der Stadt ansässigen Nichtkatholiken, vor allem Engländer, Schweizer, Russen und Amerikaner. Das berühmteste Grab ist das der englischen Dichterin Elizabeth Barrett Browning. Heute ist der Friedhof eine von Verkehr umgebene Oase, durch die, abgeschirmt von Zypressen, der Duft der Rosen weht. *Winter Di–Fr 14–17, Sommer Di–Fr 15–18, Mo 9–12 Uhr | Piazzale Donatello 38*

■4 GALLERIA DELL'ACCADEMIA ★ (125 D–E1) (*m G4*)

Größte Attraktion der Galerie sind die sieben Hauptwerke Michelangelos. Die unvollendeten Marmorskulpturen der vier *Gefangenen* längs der Wände im großen Salon waren für das Grabmal Papst Julius II. in Rom bestimmt. Ebenfalls unvollendet blieb die *Figur des hl. Matthäus*, seine einzige Apostelfigur für den Dom von Florenz. Grandios ist die Marmorgruppe der *Pietà von Palestrina*. Alles überragend steht in einem Rundbau der 4,10 m hohe, aus einem einzigen Block weißen Carrara-Marmors gehauene Statue des *David*. Michelangelos bekanntestes

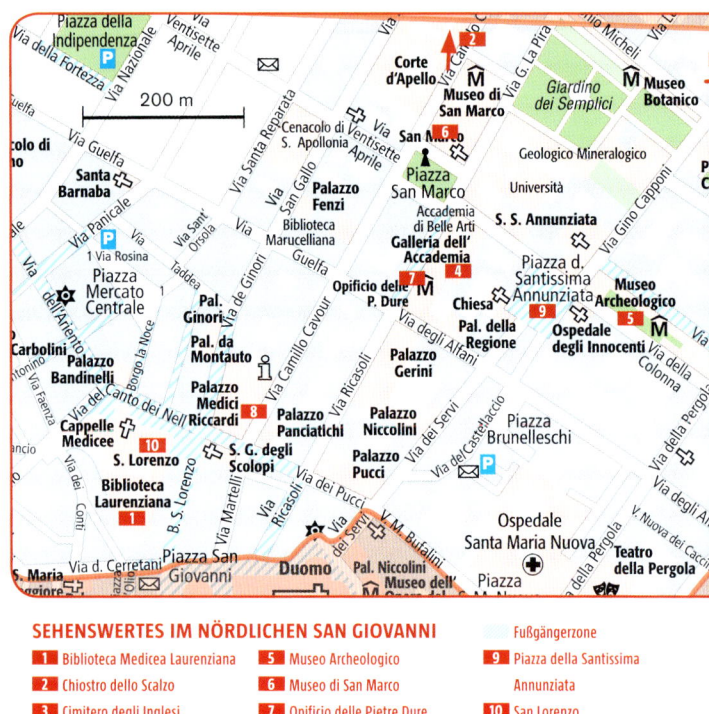

SEHENSWERTES IM NÖRDLICHEN SAN GIOVANNI

1 Biblioteca Medicea Laurenziana
2 Chiostro dello Scalzo
3 Cimitero degli Inglesi
4 Galleria dell'Accademia

5 Museo Archeologico
6 Museo di San Marco
7 Opificio delle Pietre Dure
8 Palazzo Medici Riccardi

Fußgängerzone
9 Piazza della Santissima
   Annunziata
10 San Lorenzo

Werk wurde 1873 von seinem ursprünglichen Platz vor dem Palazzo Vecchio aus Sicherheitsgründen hierher gebracht. Im 1784 gegründeten Museum werden außerdem Werke italienischer Künstler des 13.–15. Jhs. und die größte europäische Sammlung spätgotischer Malerei gezeigt. *Di–So 8.15–18.50 Uhr | Eintritt 6,50 Euro, Sonderausstellungen 11 Euro, Vorbestellung (4 Euro Aufschlag) unter Tel. 0 55 29 48 83 | Via Ricasoli 60*

5 MUSEO ARCHEOLOGICO
(123 F1–2) (*m* G4)
Das Archäologische Museum beherbergt die nach der Villa Giulia in Rom reichste

etruskische Sammlung sowie die zweitgrößte Sammlung ägyptischer Kunst (nach Turin). Eines der herausragenden Stücke ist ein mythologisches Fabelwesen: die bronzene *Chimäre von Arezzo* aus dem 4. Jh. v. Chr. Außer etruskischen und ägyptischen sind hier auch prähistorische, griechische und römische Funde zu sehen, u. a. der berühmte *Vaso François* mit schwarzfigurigen Szenen der griechischen Mythologie (6. Jh. v. Chr.). Im schönen Garten sehen Sie zudem rekonstruierte etruskische Grabmäler. *Di–Fr 8.30–19, Sa–Mo bis 14 Uhr | Eintritt 4 Euro | Piazza della Santissima Annunziata 9b*

6 MUSEO DI SAN MARCO
(126 A5) (*M G3*)

Als den Dominikanern von San Domenico in Fiesole 1435 durch Cosimo I. ein Kloster in der Stadt errichtet wurde, beauftragten sie ihren Ordensbruder Fra Angelico mit der Ausschmückung. Die farbenfrohen Fresken, mit denen der Mönch im Laufe von zehn Jahren (1435–45) die Zellen, das Refektorium und sogar die Gänge des Klosters ausstattete, brachten ihm schon zu Lebzeiten den Namen *Beato* (Begnadeter) ein. Hervorzuheben sind im Kapitelsaal sein großes Fresko der *Kreuzigung Christi*, im Refektorium ein *Abendmahlfresko* von Domenico Ghirlandaio und am Kopf der Treppe zum Zellengeschoss Angelicos bekanntestes Werk, die *Verkündigung.*

Auch jede der 43 Zellen erhielt ein Fresko von Fra Angelico oder einem seiner Helfer. Die Zellen 12 bis 14, die dem Prior vorbehalten waren, sind als Gedenkstätte für Girolamo Savonarola eingerichtet. In die Doppelzelle 38/39 zog sich Cosimo de'Medici häufig zu längerer Meditation zurück. Im ebenfalls im Obergeschoss gelegenen, wohlproportionierten *Bibliothekssaal* von Michelozzo (1444) sind 115 kostbare Kodices, Miniaturen, Handschriften und ein illustriertes Messbuch des Fra Angelico ausgestellt. *Mo–Fr 8.15–13.50, Sa/So bis 16.50 Uhr, 1., 3. und 5. So sowie 2. und 4. Mo im Monat geschl. | Eintritt 4 Euro | Piazza di San Marco 1*

7 OPIFICIO DELLE PIETRE DURE
(123 D1) (*M G4*)

In der weltberühmten Akademie für Restaurierungsarbeiten werden auch heute noch von Kunsthandwerkern Einlegearbeiten aus Halbedelsteinen und Marmor ausgeführt, für die Florenz seit der Renaissance berühmt ist. Paradestück dieser *Pietra-dura*-Arbeiten ist die *Cappella dei Principi* in San Lorenzo. Die Entwür-

fe und ein Modell der Kapelle sowie unzählige andere Werke werden gezeigt. INSIDER TIPP Sie können die Künstler bei der Arbeit beobachten. *Mo–Sa 8.15–14, Do bis 19 Uhr | Eintritt 4 Euro | Via degli Alfani 78 | www.opificiodellepietredure.it*

Arkadeninnenhof des Palazzo Medici Riccardi

8 PALAZZO MEDICI RICCARDI
(122 C2) (*M F4*)

Hier wohnte Cosimo der Ältere mit seiner Familie bis zu seinem Tod 1464. Zwanzig Jahre zuvor hatte er Michelozzo mit dem Bau dieses repräsentativen Palastes mit seiner imposanten Rustikaquaderung beauftragt. Eine besondere Neuerung war der Innenhof mit seinen Arkaden, über denen das Medici-Wappen prangt.

Nur wenige Räume und die von Benozzo Gozzoli 1459 im 1. Stock mit wunderschönen Landschaftsfresken ausgemalte kleine *Cappella dei Magi* können Sie besichtigen. In den übrigen Räumen logiert die Provinzverwaltung von Florenz. *Do–Di 9–18 Uhr | Eintritt 7 Euro | Via Camillo Cavour 1 | www.palazzo-medici.it*

🟥 9 PIAZZA DELLA SANTISSIMA ANNUNZIATA (123 E1) (*∅ G4*)
Der harmonisch gestaltete Platz mit einem Reiterstandbild Ferdinands I. von Giambologna und einem phantasievollen Brunnen von Pietro Tacca ist an drei Seiten von Arkadenreihen umgeben: im Norden das Vorhaus der Kirche Santissima Annunziata, an der Westseite der Säulengang des Spedale degli Innocenti, das Filippo Brunelleschi 1419 im Auftrag der Seidenhändler errichtete, und auf der gegenüberliegenden Seite die von Antonio da Sangallo errichtete *Loggia*.
Die Kirche *(tgl. 7.30–12.30 und 16–18.30 Uhr)* wurde 1250 errichtet. Der Überlieferung nach hat im Jahre 1252 ein Engel über Nacht ein begonnenes Fresko der „Verkündung" zu Ende gemalt. Die Kirche wurde zum Wallfahrtsziel. Im Kreuzgang sind die Gemälde von Rosso Fiorentino, Pontormo und Andrea del Sarto und in den Seitenkapellen Fresken von Andrea del Castagno und Perugino sehenswert. In der Kapelle gleich links im Kirchenschiff wird ein wundertätiges Marienbild aufbewahrt, das nur am 25. März gezeigt wird.
In Brunelleschis *Findelhaus* wurden seit 1445 ungewollte Kinder durch die Drehtür an der linken Schmalwand der Loggia geschoben – bis ins Jahr 1875! Das Gebäude mit den Rundbildern der Wickelkinder aus Terrakotta (Andrea della Robbia) beherbergt heute das *Museo dello Spedale degli Innocenti (MUDI) (bis 2015 wegen Restaurierung geschl. | www.istitutodeglinnocenti.it)* mit einer reichen Sammlung von Gemälden und Fresken des 14.–19. Jhs.

🟥 10 SAN LORENZO ⭐ (122 C2) (*∅ F4*)
Es gibt keinen Stein in dieser Kirche, der nicht irgendwie an eine Persönlichkeit aus dem Hause der Medici erinnert. Giovanni di Bicci de'Medici, der Stammvater, beauftragte Brunelleschi um 1420

RICHTIG FIT

Weil das Meer so nah ist, gibt es in Florenz nur zwei nennenswerte Freibäder: Das größte ist das *Costoli (s. S. 96)* und das etwas ruhigere das *Bellariva (s. S. 96)*.
Zum Joggen fahren Sie am besten mit dem Bus (12, 13, 17, 18) zu den Grünanlagen des *Parco delle Cascine:* Auf den Wegen, die sich über 3 km entlang des Arnoufers erstrecken, können Sie gut laufen, während sich auf den geteerten Alleen, die den 118 ha großen Park durchziehen, die Rollerblader treffen. Sightjogging heißt ein neuer Trend, der Fitness mit dem Bewundern von Sehenswürdigkeiten verbindet. Dafür können Sie sich einen *personal trainer* für 30–70 Euro pro Person – je nach Route und Dauer – buchen, z. B. beim *Hotel River* (130 B3) (*∅ H6*) *(Tel. 05 52 34 35 29 | www.hotelriver.com)* oder *Hotel Lido* (131 D3) (*∅ J6*) *(Tel. 0 55 67 78 64 | www.hotel-lido.com)*.

Ganz mit Halbedelsteinen und Fresken ausgekleidet: Cappella dei Principi in San Lorenzo

mit der Erweiterung des frühchristlichen Gotteshauses, das schon 393 dem hl. Lorenz geweiht worden war. Brunelleschi beendete 1428 zunächst die Alte Sakristei *(Sagrestia Vecchia)*, den ersten Zentralraum der Renaissance. Cosimo der Ältere, der Sohn Giovannis, führte nach dessen Tod den Bau der Kirche bis zu ihrer Vollendung 1446 weiter. Er liegt in der Krypta begraben. Eine vielfarbige, runde Steinplatte vor dem Hauptaltar bezeichnet die Stelle. Neben seinem Freund und Mäzen Cosimo Il Vecchio fand Donatello seine letzte Ruhestätte.

Zur endgültigen Umwandlung des Kirchenkomplexes in ein großes Mausoleum, den **INSIDER TIPP** *Cappelle Medicee* (Mitte März–Okt. tgl. 8.15–16.50, Nov.– Mitte März tgl. 8.15–13.50 Uhr, 2., 4. So und 1., 3. und 5. Mo im Monat geschl. | Eintritt 6 Euro, bei Sonderausstellungen 9 Euro | Eingang: Piazza Madonna degli Aldobrandini 6), trug Papst Leo X., Urenkel Cosimos, entscheidend bei, als er Mi-

chelangelo mit dem Bau der Neuen Sakristei *(Sagrestia Nuova)* beauftragte. In den Medici-Kapellen stehen die bedeutenden Grabmäler für Lorenzo Il Magnifico, seinen Bruder Giuliano und deren Nachkömmlinge Giuliano, Herzog von Nemours, sowie Lorenzo, Herzog von Urbino – alle ebenfalls aus der Hand Michelangelos. Mit dem Bau der angrenzenden und vollständig mit Halbedelsteinen ausgekleideten Fürstenkapelle, der *Cappella dei Principi,* fand zu Beginn des 17. Jhs. die Verherrlichung der Herrscherfamilie ihren Abschluss. Der Entwurf dazu stammt von Giovanni, Sohn Cosimos I.

Zum Kreuzgang und der *Biblioteca Medicea Laurenziana* gelangt man durch eine Tür links neben dem Kirchenportal. Es gab Ausschreibungen für die Gestaltung der Rohsteinfassade, auch Pläne von Michelangelo liegen vor, wurden aber nie ausgeführt. *Mo–Sa 10–17.30, März–Okt. auch So 13.30–17.30 Uhr | Eintritt 3,50 Euro | Piazza di San Lorenzo*

SANTA MARIA NOVELLA

Eine der schönsten Kirchen der Stadt mit ihrer herrlichen Marmorfassade gibt diesem Viertel seinen Namen und auch dem großen Platz davor: Santa Maria Novella.

Dieser Stadtteil erstreckt sich vom gleichnamigen Hauptbahnhof nordwärts bis zur Festung *Fortezza da Basso*, Richtung Westen bis hin zum 1,60 km² großen *Parco delle Cascine* – der einzigen öffentlichen Grünfläche der Stadt – und wird im Süden vom Fluss Arno und der Luxus-Shoppingmeile *Via dei Tornabuoni* begrenzt. Das *Teatro Comunale* mit seinem weltberühmten Musikfestival *Maggio Musicale Fiorentino* und majestätische Paläste längs des Flusses charakterisieren dieses vom Tourismus noch nicht gänzlich eingenommene Quartier.

1 INSIDER TIPP MUSEO MARINO MARINI (122 B3) (*E–F5*)

In der ehemaligen Kirche San Pancrazio, deren Ursprünge bis in die frühchristliche Zeit zurückreichen, wurde 1988 das erste Museum für moderne Kunst der Stadt eingerichtet. Über 200 Werke des Pistoieser Bildhauers, Malers und Grafikers Marino Marini (1901–1980), der durch seine Pferdedarstellungen berühmt wurde, fanden im modernisierten Kirchenraum Aufstellung. 2013 wurde das Museum noch um ein architektonisch-sakrales Juwel erweitert: eine kleine Kapelle, die seit den Zeiten Napoleons zugemauert war. Nach aufwendiger Restaurierung kann man nun den prachtvollen **INSIDER TIPP** *Sacello Rucellai* wieder betreten. Giovanni Rucellai ließ sein dort befindliches Grabmal um 1570 von Leon Battista Alberti errichten. *Mi–Sa und Mo 10–17 Uhr, Aug. geschl. | Eintritt 4 Euro | Piazza di San Pancrazio | Via della Spada | www.museomarinomarini.it*

In der Via dei Tornabuoni finden Sie Luxuslabels von Bulgari bis Versace

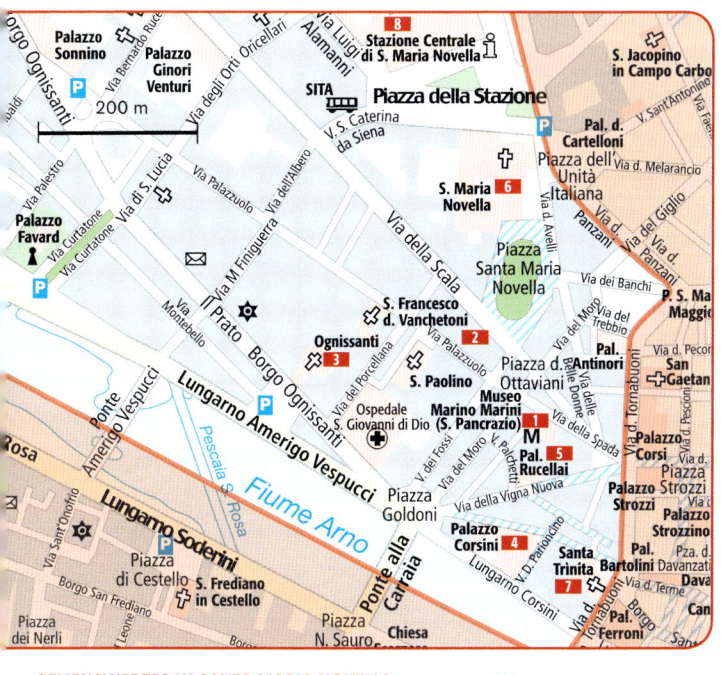

SEHENSWERTES IN SANTA MARIA NOVELLA

Fußgängerzone

1 Museo Marino Marini

2 Museo Nazionale Alinari della Fotografia

3 Ognissanti

4 Palazzo Corsini sull'Arno

5 Palazzo Rucellai

6 Santa Maria Novella

7 Santa Trinita

8 Stazione di Santa Maria Novella

---

2 MUSEO NAZIONALE ALINARI DELLA FOTOGRAFIA
(122 A3) (⌂ E4–5)

Gegründet von den Brüdern Alinari 1852, ist die *Fondazione Alinari* die älteste Firma der Welt, die sich mit Fotografie beschäftigt und heute rund 3,5 Mio. Fotos verwaltet. Das Museum wurde 2006 in der *Loggia dell'Ospedale di San Paolo* (15. Jh.) eröffnet. Eine Ausstellung zeigt die Geschichte der Fotografie ab den ersten Techniken und Fotografen. Sonderausstellungen. *Do–Di 10–19 Uhr | Eintritt 9 Euro | Piazza Santa Maria Novella 14a/r | www.alinarifondazione.it*

3 OGNISSANTI (125 D6) (⌂ E5)

Die Allerheiligenkirche ist das typische Beispiel einer von den mächtigen Familien der Stadt gesponserten Kirche. Die reiche Familie der Vespucci stiftete nicht nur einen Großteil der Ausstattung, sondern 1380 auch das angrenzende Hospital *San Giovanni di Dio*, das bis vor Kurzem noch als Krankenhaus genutzt wurde.

Im zweiten Kirchenaltar rechts breitet eine *Schutzmantelmadonna* (ein frühes Werk Ghirlandaios, um 1473) ihren Mantel über die Familie Vespucci aus. Der junge Mann unter ihrem rechten Arm ist vermutlich der Seefahrer Ameri-

Şanta Maria Novella mit typisch florentinischer Marmorfassade

go Vespucci, nach dem der gerade entdeckte Kontinent Amerika benannt wurde. In der zweiten Kapelle des rechten Querschiffs zeigt eine runde Steinplatte die Grabstelle des großen Frührenaissancemalers Sandro Botticelli an, von dem auch das Fresko des hl. Augustinus im Refektorium des Klosters stammt. Im linken Querschiff kann man nach 10-jähriger Restaurierungsarbeiten endlich wieder das berühmte **INSIDER TIPP** *Kruzifix Giottos* aus dem 14. Jh. bewundern.

Beachtenswert ist in diesem Raum auch das große *Cenacolo del Ghirlandaio*, das Abendmahlfresko von Domenico Ghirlandaio (1480). *Mo, Di und Sa 9–12 Uhr | Eintritt frei | Borgo Ognissanti 42*

4 PALAZZO CORSINI SULL'ARNO
(122 A4) (*m E5*)

Die den Lungarno Corsini beherrschende Barockanlage mit ihren Statuen ist nicht zu übersehen. Der Palast beherbergt die größte private Kunstsammlung der Stadt, zu besichtigen jedoch nur nach telefonischer Anmeldung *(Tel. 0 55 21 89 94)*. In ungeraden Jahren findet im Herbst die *Biennale Internazionale dell'Antiquariato (www.mostraantiquariato.it)* in den Sälen des Palazzo statt. *Via del Parione 11*

5 PALAZZO RUCELLAI
(122 A–B4) (*m E5*)

Der 1451 erbaute Renaissancepalast des reichen Kaufmanns Giovanni Rucellai gilt als der vornehmste der Stadt. Hier wurde die Forderung des Baumeisters Leon Battista Alberti (1402–72) verwirklicht, dass Wohnpaläste „.... schön verziert, fein artikuliert und vornehm sein (sollten), statt prunkvoll und imposant". Der Palast wird heute noch von der Familie Rucellai bewohnt, eine Innenbesichtigung ist daher nicht möglich. *Via della Vigna Nuova 16*

6 SANTA MARIA NOVELLA
(122 A2) (*m E4*)

„In der ehrwürdigen Kirche Santa Maria Novella ...", beginnt das erste Kapitel aus Boccaccios *Decamerone*, einer Geschichte, die zur Zeit der Pest spielt, welche im 14. Jh. in Florenz grausam wütete. Die Überlebenden stifteten zahlreiche Kapellen der Kirche. Dieser erste gotische Bau der Stadt entstand 1246–1300. Die Außenmauern sind nach Art des Baptisteriums mit weißem und grünem Marmor verkleidet. Der obere Teil der Fassade wurde allerdings erst 1470 mit Mitteln des Florentiner Kaufmanns Giovanni Rucellai vollendet.

Auch das Innere dieser Kirche verdient eine eingehende Betrachtung. Die großen Freskenzyklen zeigen auch den Wohnstil und die Mode des 15. Jhs. Zu den schönsten gehören in der Hauptchorkapelle (1486–90) die Szenen Domenico Ghirlandaios aus dem Leben Mariä, die Fresken der *Cappella Strozzi* rechts neben dem Hauptaltar von Filippino Lippi und die düsteren Visionen des *Jüngsten Gerichts* von Nardo di Cione (um 1357) in der *Cappella Strozzi di Mantova*. Im dritten Joch links malte Masaccio kurz vor seinem Tod 1428 ein bereits perspektivisch exakt durchkonstruiertes *Dreifaltigkeitsfresko*. Außerdem birgt die Kirche auch Werke von Brunelleschi *(die Marmorkanzel und ein Holzkruzifix in der Cappella Gondi*, links neben der Hauptchorkapelle*)*, Giotto *(Kruzifix)* und Giovanni della Robbia.

Der benachbarte Grüne Kreuzgang *(Chiostro verde)* von 1332, den Paolo Uccello mit Szenen der Schöpfungsgeschichte ausmalte (leider schlecht erhalten), und die *Cappella Spagnola* mit den Fresken zum *Triumph des Dominikanerordens* von Andrea da Firenze lohnen ebenfalls einen Besuch. *Mo–Do 9–17.30, Fr 11–17.30, Sa 9–17, So Juli–Sept. 12–17, Okt.–Juni 13–17 Uhr | Eintritt 5 Euro | Piazza di Santa Maria Novella 18 | www.chiesasantamarianovella.it*

7 **INSIDER TIPP** **SANTA TRÌNITA**
(122 B4) (*E5*)

Einst eine bedeutende Kirche der Stadt, deren Ursprung auf die zweite Hälfte des 11. Jhs. zurückgeht, birgt Santa Trìnita neben vielen anderen Kunstschätzen zwei Hauptwerke Domenico Ghirlandaios: die Fresken der *Cappella Sassetti* und die *Anbetung der Könige* von 1485. *Mo–Sa 8–12*

und 16–18, So 8–10.45 und 16–18 Uhr | Piazza Santa Trìnita

8 **STAZIONE DI SANTA MARIA NOVELLA** (122 A1) (*E4*)

Der Bahnhof – vom Florentiner Architekten Giovanni Michelucci 1933–35 errichtet – gilt als Paradebeispiel des italienischen Rationalismus. Jedes Detail seiner Ausstattung stellt Bezüge zu Florenz oder der Toskana her: So sind die Bänke aus Zypressenholz, der Boden aus dem weißen Marmor der Apuanen, dem roten vom Monte Amiata, dem gelben Sienas und dem grünen des Apennin. Die Bar schmücken zwei große Fresken von Ottone Rosai. *Piazza della Stazione*

SANTA CROCE

Auch hier gibt eine Kirche gleich dem ganzen Stadtviertel seinen Namen: die Franziskanerkirche Santa Croce.

Es ist das lebendigste Viertel von Florenz: Viele kleine Geschäfte laden zum Shoppen ein, und in den Lokalen, Bars und Restaurants um Santa Croce kann man wohl nicht nur die beste toskanische Küche, sondern auch die Vielfalt internationaler Kochkunst genießen.

Schon in römischer Zeit war dieses Viertel zur Unterhaltung bestimmt: Das *Amphitheater* des 2. Jhs. lag dem westlichen Ende des Platzes gegenüber – heute noch erkennbar in der ovalen Straßenführung von Piazza de'Peruzzi, Via Bentaccordi und Via Torta. Am südlichen Ende der Piazza, unterhalb des mit Fresken bemalten *Palazzo dell'Antella*, erkennt man in der Wand eine eingefügte Scheibe aus Marmor, die genau die Hälfte des Feldes des hier ausgetragenen *Calcio Storico (s. S. 18)* kennzeichnet – somit zählt diese Piazza zu einem der ältesten Fußballfelder der Welt.

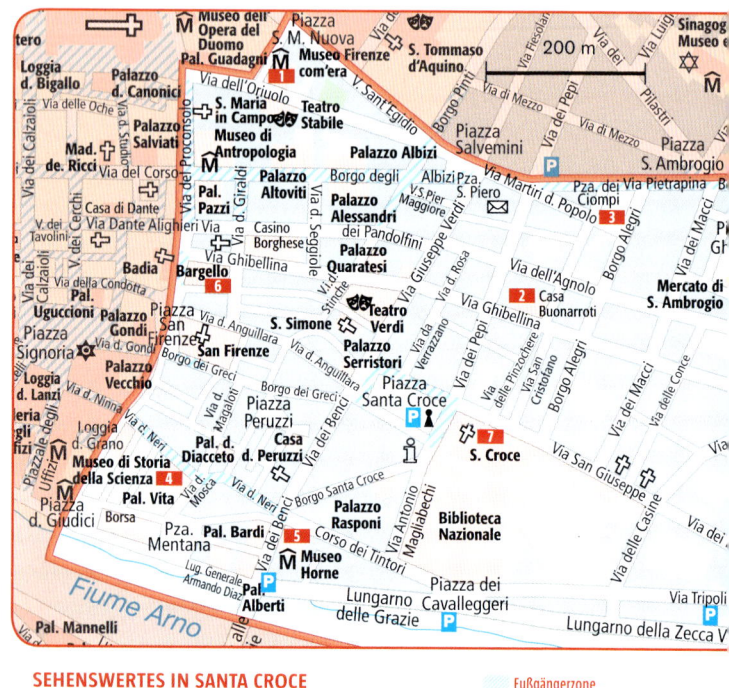

SEHENSWERTES IN SANTA CROCE

1 Biblioteca delle Oblate
2 Casa Buonarroti
3 Loggia del Pesce
4 Museo Galileo – Istituto di Storia della Scienza
5 Museo Horne
Fußgängerzone
6 Museo Nazionale del Bargello
7 Santa Croce

1 BIBLIOTECA DELLE OBLATE ●

(123 E3) *(ɰ G5)*

In dem früheren Kloster aus dem 14. Jh. mit schönem Kreuzgang sind auf drei Etagen die Stadtbibliothek und eine Mediathek *(Mi 9–14, Do/Fr 9–17 Uhr)* sowie im zweiten Stock ein großer Bereich für Kinder untergebracht, die dort spielen und in Kinderbüchern stöbern können *(bis 18.45 Uhr)*. Hier hat man außerdem die Möglichkeit, in Ruhe auf der **INSIDER TIPP** Dachterrasse mit traumhaftem Blick auf die zum Greifen nahe Domkuppel kostenlos internationale Tageszeitungen zu lesen, sich in der Cafeteria eine Auszeit zu gönnen und im Sommer an kleinen musikalischen Events teilzunehmen. *Mo 14–19, Di–Sa 9–24 Uhr | Via dell'Oriuolo 26 | www.bibliotecadelleoblate.it*

2 CASA BUONARROTI

(123 F4) *(ɰ G6)*

Der kleine Palazzo wurde von Michelangelo erworben und 1858 von Cosimo Buonarroti der Stadt vermacht. Zeichnungen, Pläne und Erinnerungsstücke an den Künstler sind hier ausgestellt. Unter den Frühwerken das berühmte Marmorrelief *Madonna della Scala* und die *Zentaurenschlacht. Mi–Mo 10–17 Uhr | Ein-*

tritt 6,50 Euro | Via Ghibellina 70 | www. casabuonarroti.it

3 LOGGIA DEL PESCE
(130 B2) *(⌖ H5)*

Die nach den Plänen Giorgio Vasaris gebaute Loggia war die Fischhalle des alten Markts. Als dieser bei der Altstadtsanierung der heutigen Piazza della Repubblica weichen musste, versetzte man die Loggia Ende des 19. Jhs. an die Piazza dei Ciompi, auf der heute ein kleiner Flohmarkt stattfindet. *Markt Mo–Sa und letzter So im Monat 9–13 und 16–19 Uhr | Via Pietrapiana*

4 INSIDER TIPP MUSEO GALILEO – ISTITUTO DI STORIA DELLA SCIENZA
(122 C5) *(⌖ E6)*

Das Museum gehört zu den weltweit bedeutendsten seiner Art. Eine große Sektion ist Galileo Galilei gewidmet. In neun großen Sälen werden mathematische, optische, hydraulische, astronomische und chirurgische Geräte ausgestellt, darunter Planetenmodelle, das erste Teleskop, die Fernrohre und die Linsen, mit denen der große Astronom und Physiker seine Beobachtungen machte und u. a. die Jupitertrabanten entdeckte, das erste Quecksilberbarometer (1634), eine bedeutende Sammung von Mineralien und vieles mehr. *Mi–Mo 9.30–18, Di bis 13 Uhr | Eintritt 9 Euro | Piazza dei Giudici 1 | www.museogalileo.it*

5 MUSEO HORNE (123 E5) *(⌖ G6)*

Als 1916 der englische Kunsthistoriker und Architekt Herbert Percy Horne starb, überließ er dem italienischen Staat den von ihm 1911 erworbenen *Palazzo Corsi* (15. Jh.) und seine beachtliche Kunstsammlung, die über 6000 Werke zählt – von Giotto, Simone Martini, Filippo Lippi, Masaccio und Giambologna über kostbare Einrichtungsgegenstände des 14.–16. Jhs. *Mo–Sa 9–13 Uhr | Eintritt 6 Euro | Via dei Benci 6 | www.museohorne.it*

6 MUSEO NAZIONALE DEL BARGELLO ★ ● (123 D4) *(⌖ G5)*

Die hohen Gewölbe dieses zinnengekrönten Palasts beherbergen die größte Sammlung italienischer Skulpturen des 14.–16. Jhs., außerdem die Medaillensammlung der Medici, bedeutende

Museo Nazionale del Bargello: Festzug zum Baptisterium auf einer Hochzeitstruhe

Elfenbeinwerke und Majoliken des 15.–18. Jhs. sowie Waffen und Kleinbronzen. Glanzstücke des Museums sind Michelangelos *Trunkener Bacchus* (1497 begonnen), die Marmorbüste des *Brutus* (um 1540) und das kreisrunde *Tondo Pitti* (1504), die zusammen mit Werken Celli-

de seinen heutigen Namen gab. Neben dem Brunnen im wappengeschmückten Innenhof stand der Galgen, an dem bis 1782 hingerichtet wurde. *Tgl. 8.15–13.50 Uhr, 2. und 4. Mo sowie 1., 3. und 5. So geschl. | Eintritt 4 Euro, bei Sonderausstellungen 7 Euro | Via del Proconsolo 4*

Santa Croce, errichtet vom Dombaumeister Arnolfo di Cambio

nis, Giambolognas und anderen im Erdgeschoss ausgestellt sind. Im großen Saal des Obergeschosses befinden sich Skulpturen der Frührenaissance, unter ihnen die *Davidstatuen* in Marmor (1408) und in Bronze (1423) von Donatello.

Der burgähnliche Palast selbst, 1254–61 erbaut, diente mit seinem 54 m hohen Turm früher als Sitz des Stadtkommandanten *(Capitano del Popolo)* und des Bürgermeisters *(Podestà)*. 1502–1859 waren hier das Stadtgefängnis und die Wohnung des Polizeihauptmanns *(Bargello)* untergebracht, der dem Gebäu-

7 SANTA CROCE ★

(123 E–F5) (*ω G5*)

Santa Croce ist die Hauptkirche der Franziskaner in Florenz. Schon kurz nach dem Tod des hl. Franziskus 1226 errichteten seine Anhänger hier eine kleine Kapelle, die jedoch bald die Zahl der Gläubigen nicht mehr aufnehmen konnte, sodass man bereits 1294 den Grundstein für den mächtigen gotischen Neubau legte, der 1385 fertiggestellt wurde. 1853 erhielt die Kirche eine neugotische Fassade. Mit einer Länge von 115 m, einer Breite des Mittelschiffs von 38 m und einer Balkenkreuzbreite von 73 m übertraf Santa Croce nun an Ausdehnung die kurz zuvor vollendete Kirche Santa Maria Novella des rivalisierenden Dominikanerordens. Der Innenraum mit dem offenen, bemalten Dachstuhl und einem geraden Chorabschluss zeigt die für Bettelordenskirchen typisch schlichte Architektur. Das große Gotteshaus wird auch als das „Pantheon von Florenz" bezeichnet: 278 *Grabplatten* des 14.–19. Jhs. sind in den Fußboden eingelassen. Galileo, Michelangelo, Machiavelli, Ghiberti, der Komponist Rossini und viele andere haben prächtig ausgeführte Grabmäler. Auch Dante, der in der Verbannung in Ravenna gestorbene größte Dichter Italiens, wird hier mit einem 500 Jahre nach seinem Tod geschaffenen Denkmal geehrt. Die rechts neben dem Hauptaltar liegenden *Grabkapellen der Bardi und Peruzzi* malte Giotto in den Jahren 1316–30 mit Fresken aus, die zu den herausragenden dieser Epoche zählen. Auch die anderen Kapellen sind mit kostbaren Wandmalereien geschmückt. Die herrliche *Marmorkanzel* stammt von Benedetto da Maiano, das *Verkündigungstabernakel* (hinter dem fünften Pfeiler rechts) ist ein bedeutendes Werk Donatellos (1435), geschaffen aus grauem Sandstein mit Vergoldungen.

Rechts neben der Kirche befindet sich der Eingang zu den Klosterhöfen mit der *Cappella dei Pazzi* und dem *Museo dell'Opera di Santa Croce*. Die architektonisch bedeutsame Pazzi-Kapelle mit ihren klaren, ganz in Weiß und Grau gehaltenen Formen wurde vermutlich von Brunelleschi 1429–44 erbaut. Die *Medaillons* aus glasierter Terrakotta schuf Luca della Robbia. Im Kirchenmuseum sind Werke Florentiner Sakralkunst ausgestellt. *Kirche und Museum: Mo–Sa 9.30–17.30, So 13–17.30 Uhr | Eintritt 6 Euro | Piazza Santa Croce 16 | www.santacroceopera.it*

OLTRARNO

Man kann das Viertel der Kunsthandwerker Oltrarno (jenseits des Arno) auf vielerlei Art erkunden – am besten natürlich zu Fuß!

Hier spürt man noch einen Hauch des „alten" Florenz. Der Charme der vielen versteckten kleinen Werkstätten, in denen gewandte Kunsthandwerker ihre über die Jahrhunderte überlieferten Techniken und Geheimnisse der Verarbeitung von Leder, Glas, Bronze, Holz, Marmor, Stroh, Gold oder Silber noch immer anwenden, ist einzigartig und nirgendwo anders in der Stadt so authentisch. Hier kann man ihnen durch die meist offenen Türen bei der Arbeit zusehen.

Verwinkelte Gassen führen zu kleinen, verzauberten Plätzen, an denen tagsüber die Zeit stehen geblieben zu sein scheint, während sich abends die jungen Leute vor den Bars und Trattorien tummeln. Im Oltrarno liegen aber auch schöne Renaissancepaläste mit berühmten Antiquitätenhandlungen sowie der grandiose *Palazzo Pitti* mit den *Boboli-Gärten*.

1 INSIDER TIPP **FORTE DI BELVEDERE** ☼ (129 E4) (*M F6*)

Als Ferdinand I. 1590 den Architekten Buontalenti mit dem Bau dieser Festungsanlage oberhalb von Florenz beauftragte, ließ er die Kanonen auch auf die Stadt richten, denn die Medici waren sich ihrer Macht nie wirklich sicher. Im Innern der Anlage liegt der elegante, dreistöckige *Palazzetto di Belvedere*. Nach zwei tödlichen Unfällen, bei denen Besucher vom Mauerring stürzten, wurde die Festung zwischenzeitlich geschlossen, öffnete aber im Sommer 2013 wieder ihre Tore für Open-Air-Ausstellungen. *Wechselnde Öffnungszeiten | Via San Leonardo | www.fortebelvedere.org*

🔳2 GIARDINO DI BOBOLI ⭐ ● ☼
(129 D–E4) (🗺 E–F 6–7)

Hinter dem Palazzo Pitti zur Porta Romana und hinauf bis zum Forte di Belvedere
erstreckt sich die herrliche Gartenanlage
mit ihren Laubengängen und Zypres-
senalleen, Wasserspielen und Teichen,
Treppen und künstlichen Grotten, einem

🔳3 MUSEO STEFANO BARDINI
(130 A4) (🗺 G6)

Das Museum trägt den Namen des berühmten Händlers, Sammlers, Restau-
rators und Fotografen Stefano Bardini
(1836–1922), der seine gesamte Anti-
quitätensammlung der Stadt vermach-
te. Nach jahrelangen Umbauarbeiten

Giardino di Boboli: Die früheren Privatgärten der Medici sind heute öffentlich zugänglich

Amphitheater und Hunderten von Marmorstatuen. Für einen Gang durch den
45 000 m² großen Park mit schönen Ausblicken auf die Stadt sollten Sie drei Stunden Zeit einplanen. Im Sommer finden
hier abendliche Kammerkonzerte statt.
*Tgl. Nov.–Feb. 8.15–16.30, März bis 17.30,
April/Mai und Sept./Okt. bis 18.30, Juni–
Aug. bis 19.30 Uhr, 1. und letzter Mo des
Monats geschl. | Eintritt 7 Euro, bei Son-
derausstellungen 10 Euro, Ticket gültig für
Giardino di Boboli, Museo degli Argenti,
Galleria del Costume, Museo delle Porcel-
lane und Giardino Bardini | Eingänge Pa-
lazzo Pitti, Via Romana und Porta Roma-
na | www.giardinodiboboli.it*

kann man hier seit 2009 neben den Werken von Donatello, Antonio del Pollaio-
lo, Tiepolo und vielen anderen auch die
Original-Bronze des *porcellino* von Pietro
Tacca bewundern, dessen Kopie an der
Loggia del Mercato Nuovo fast alle Tou-
risten begeistert. *Fr–Mo 11–17 Uhr | Ein-
tritt 6 Euro | Via dei Renai 37 | www.
museobardini.org*

🔳4 MUSEO ZOOLOGICO „LA SPECOLA"
(129 D–E4) (🗺 E6)

In der ehemaligen Sternwarte *La Specola*
befindet sich heute eine auch für Jugendliche faszinierende zoologische Sammlung mit Tierpräparaten von der Vogel-

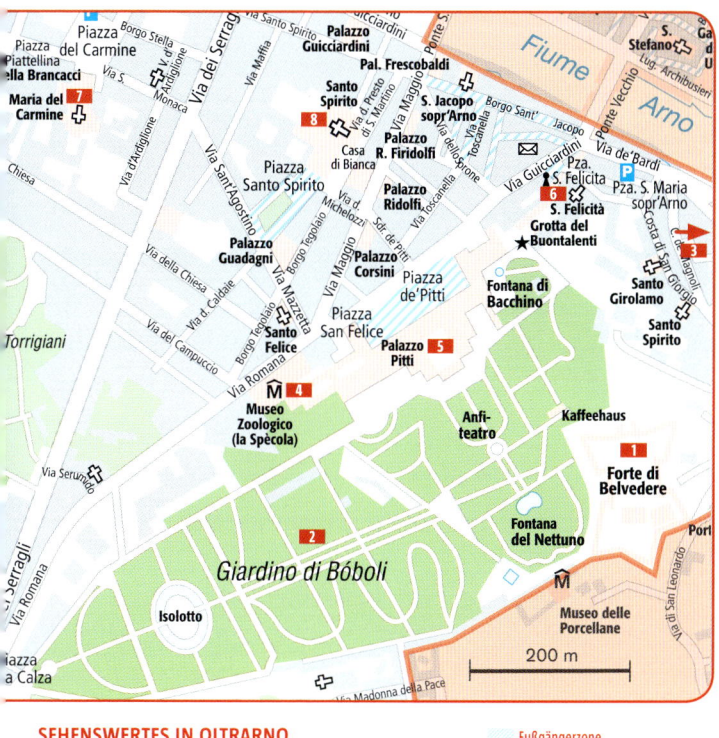

spinne bis zur Riesenschildkröte und eine interessante Schmetterlingssammlung. Besonders sehenswert – und kurios – ist die INSIDERTIPP anatomische Abteilung. Hier sind über 1400 teils verblüffend naturgetreue Wachsnachbildungen menschlicher Organe und ganzer „enthäuteter" Körper in Vitrinen ausgestellt – manche auf Satin drapiert. Der Großteil der Präparate – 1775–1814 in der museumseigenen Wachsmodellwerkstatt von Clemente Susini geformt – diente ursprünglich dem medizinischen Un-

terricht. *Di–So 9.30–16.30 Uhr | Eintritt 6 Euro | Via Romana 17 | www.msn.unifi.it*

5 PALAZZO PITTI ●

(129 E4) (*Ø E–F6*)

Den Kernblock dieses mächtigen Palasts ließ 1457 der Florentiner Kaufmann Luca Pitti errichten. Der in den folgenden Jahrhunderten bis zu einer kolossalen Fassadenlänge von 205 m erweiterte Bau war bis 1859 Residenz der toskanischen Großherzöge. Als Florenz 1865–71 Hauptstadt Italiens war, residierte hier König Viktor Emanuel II. Heute beherbergen der Palazzo Pitti und seine Nebengebäude sieben Museen und Sammlungen. Die private Gemäldesammlung der Großherzöge im linken Palastflügel bildete den Grundstock der *Galleria Palatina*; sie ist nach den Uffizien die wichtigste Gemäldegalerie in Florenz. Die Wände von 30 prächtigen Räumen sind mit berühmten Werken der europäischen Malerei geradezu tapeziert. Glanzpunkte der Sammlung sind Gemälde von Tizian, Raffael, Tintoretto, Giorgione, Rubens, Caravaggio, van Dyck und Velázquez.

Auf der rechten Seite des Obergeschosses befinden sich die *Appartamenti Reali*. Hier zeigt sich fürstlicher Wohnstil. Im obersten Stock ist die *Galleria d'Arte Moderna* untergebracht. In 30 (nur teilweise geöffneten) Sälen wird ein komplettes Spektrum toskanischer Malerei des 18.–20. Jhs. gezeigt. Besonderes Interesse verdienen die Werke der *Macchiaioli* (Fleckenmaler), eines dem Impressionisten nahestehenden Künstlerkreises.

Das *Museo degli Argenti* (Silbermuseum) in Räumen, die anlässlich der Hochzeit Ferdinands II. mit Vittoria della Rovere 1634 prunkvoll ausgestattet wurden, beherbergt den Silberschatz der Medici sowie wertvolle Arbeiten aus Gold, Edelsteinen und Elfenbein. Im hinter dem Palast beginnenden *Giardino di Boboli* ist in der *Meridiana* die *Galleria del Costume* mit Tausenden von Kostümen vom 18. Jh. bis zu den Modellen berühmter Stilisten unserer Tage untergebracht.

Im Kavaliersgarten züchteten die medicischen Großherzöge einst Seidenraupen, heute befindet sich hier das *Museo delle Porcellane* mit einer sehenswerten Kollektion von berühmten Porzellanmanufakturen aus dem 18. und 19. Jh. *Galleria d'Arte Moderna, Galleria Palatina und Appartamenti Reali: Di–So 8.15–18.50 Uhr | Eintritt 8,50 Euro, bei Sonderausstellun-*

gen 13 Euro; Museo degli Argenti, Galleria del Costume, Museo delle Porcellane: tgl. Nov.–Feb. 8.15–16.30, März bis 17.30, April/Mai und Sept./Okt. bis 18.30, Juni–Aug. bis 18.50 Uhr, erster und letzter Mo des Monats geschl. | Eintritt 7 Euro, bei Sonderausstellungen 10 Euro, Ticket gültig für Giardino di Boboli, Museo degli Argenti, Galleria del Costume, Museo delle Porcellane und Giardino Bardini | Museo delle Carrozze nur auf tel. Anfrage | Tel. 05 52 38 86 11 | Piazza Pitti 1

6 SANTA FELICITA ● (122 B6) *(ØJ F6)*

An der Piazza Santa Felicita gleich hinter dem Ponte Vecchio lag vermutlich die erste christliche Kirche von Florenz. Das 1739 barockisierte Innere der frühchristlichen Basilika birgt zwei Schätze des Manierismus: das Altarbild der *Kreuzabnahme* und das Fresko der *Verkündigung* von Pontormo (1525–28). Wenn man Glück hat, trifft man freitags Frau Cristina Lombardi an. Sie freut sich, Sie ins Kirchenschiff hinaufzuführen, um Ihnen den Andachtsplatz der erzherzoglichen Familie zu zeigen, der vom *Corridoio Vasariano* abgeht. *Mo–Sa 9.30–12 und 15.30–17.30 Uhr | Piazza Santa Felicita 3 | www.santafelicita.it*

7 SANTA MARIA DEL CARMINE/CAPPELLA BRANCACCI (129 D3) *(ØJ E5)*

Die schöne Kirche mit ihrer schmucklosen Rohsteinfassade (in Restaurierung) birgt einen großen Schatz der Renaissancemalerei: die Fresken mit Szenen aus dem Leben Petri in der *Cappella Brancacci*. Als der ursprüngliche Bau der Karmeliterkirche (ab 1268) bei einem Brand 1771 fast vollständig zerstört wurde, blieb diese Kapelle an der rechten Stirnwand des Querschiffs vom Feuer verschont. Man betritt sie heute vom Klosterhof, Eingang rechts neben der Fassade. Der 15-teilige *Freskenzyklus*, begonnen 1423 von Masolino da Panicale und Masaccio, wurde 1483 von Filippino Lippi vollendet. Besonders die Fresken Masaccios (größtenteils an der linken Wand der Kapelle) gelten wegen ihrer genialen Darstellung von Licht und Schatten und der geometrischen Verteilung der Personen als richtungsweisend für die nachfolgende Kunst. Nach einer umfassenden Restaurierung besitzen die Fresken jetzt wieder ihre ursprüngliche Farbkraft. *Kapelle Mo und Mi–Sa 10–17, So 13–17 Uhr nur nach Anmeldung | Tel. 05 52 76 82 24 | Eintritt 6 Euro | Piazza del Carmine 14*

8 SANTO SPIRITO (122 A5–6) *(𝌆 E6)*
Die Augustiner von Santo Spirito ließen sich Mitte des 13. Jhs. hier nieder, und schon bald wurde die von ihnen geführte Schule zu einem Zentrum humanistischer Studien. 1438–82 entstand nach Plänen Brunelleschis die Kirche mit ihrer wohlproportionierten, doch völlig schmucklosen Fassade. Das Innere mit seinen 47 Säulen aus grauem Sandstein besticht durch die klare Raumaufteilung – unterbrochen nur von dem barocken Baldachinaltar. Besondere Beachtung verdienen das hölzerne INSIDERTIPP Kruzifix von Michelangelo und ein Altarbild von Filippino Lippi (1488) in der fünften Kapelle des rechten Querschiffs. Im ehemaligen Refektorium – man betritt es links neben der Fassade – malte Andrea Orcagna ein Abendmahlfresko (1360) und eine Kreuzigung. Die vor der Kirche liegende *Piazza Santo Spirito* ist mit ihren Bars und Lokalen stets ein belebter Treffpunkt in Oltrarno. *Mo/Di, Do–Sa 10–12.30 und 16–17.30, So 16–17.30 Uhr | Piazza Santo Spirito 29*

AUSSERHALB

CERTOSA SAN LORENZO DI GALLUZZO
(133 D3) *(𝌆 0)*
1314 errichtet, ist die Anlage des Kartäuserklosters mit Kreuzgängen, Bibliothek, Mönchszellen, unterirdischen Gän-

Gleich mehrere Trattorien säumen in Oltrarno die Piazza Santo Spirito

gen und Kapellen ein architektonisches Kleinod. Einen Besuch lohnen schon allein die manieristischen Fresken Pontormos und die Bilder Andrea del Sartos in der Pinakothek. Gegen eine Spende führen Zisterziensermönche Sie zu jeder vollen Stunde durch die Anlage. *Di–Sa 9–11 und 15–16, Sommer bis 17 Uhr, So nur nachmittags | Bus 37*

FORTEZZA DA BASSO
(125 D–E4) (*E–F3*)

Als die Medici aus der Vertreibung zurückkehrten, beauftragte 1532 Herzog Alessandro den Baumeister Antonio Sangallo mit der Errichtung dieser mächtigen, sternförmigen Festungsanlage am Südende der Stadt, um gegen künftige Volksaufstände besser gewappnet zu sein. Hier finden zweimal jährlich nur für Wiederverkäufer die große internationale Modemesse für Herren *Pitti Uomo* (www.pittimmagine.com) sowie weitere Messen, Kongresse und Events statt. *Viale Filippo Strozzi 1 | Bus 1, 2, 4, 6, 8, 11, 12, 13, 14, 17, 20, 23, 57*

PARCO DELLE CASCINE
(124 A–B5) (*B–C 3–4*)

Der 1,6 km² große Park liegt auf einer Landzunge zwischen den Flüssen Arno und Mugnone. Hier befindet sich das *Ippodromo del Visarno*, die Pferderennbahn von Florenz, mit Reitwegen, Arenen und Sportstätten. *Piazzale delle Cascine | Bus 12, 13, 17, 18, C3 | Tram 1*

INSIDER TIPP ▶ PIAZZALE MICHELANGELO ☼ (130 B4) (*H6*)

Das große Aussichtsplateau mit Café, Restaurant, Bar und vielen Parkmöglichkeiten erhebt sich südlich über dem Arno. Der Blick von hier oben ist bei Einheimischen wie Touristen gleichermaßen beliebt. Eine weithin sichtbare Bronzekopie von Michelangelos *David* und den *Vier Tageszeiten* zu dessen Füßen beherrschen den Platz. *Bus 12, 13*

ENTSPANNEN & GENIESSEN

Sie schnappen sich etwas zu lesen und entspannen in einer Bar. Auf diese Weise den Tag genießen können Sie u. a. im *Ibs* (122 C3) (*F4*) *(Mo–Do 9–20, Fr/Sa bis 24, So 10–20 Uhr | Via de'Cerretani 16r)* oder auch kombiniert mit einem Frühstück *(Brunch 12–17 Uhr)*, einem vegetarischen oder gar veganen Menü im *BRAC* (123 D5) (*G6*) *(Mo–Sa 11–24, So 12–17 Uhr | Via dei Vagellai 18r | Tel. 05 50 94 48 77)*. Im Bookshop *My Accademia* (123 D1) (*G4*) *(Di–So 8.15–19 Uhr | Via Ricasoli 105r)* finden Sie überwiegend Bücher zu den Themen Kunst, Architektur, Design, Mode, eine kleine Kinderabteilung und eine Cafeteria mit WLAN. Auch gibt es nichts Erfrischenderes, als mit einem Cocktail in der *Bar Flò* (130 B4) (*H7*) *(19.30–1 Uhr | Piazzale Michelangelo 84)* zu sitzen und zu seinen Füßen die schönste Stadt der Welt liegen zu sehen. Und ein Wellness-Treatment im kürzlich eröffneten ● *Lungarno Spa* (122 A4) (*E5*) *(reservieren! Mo–Sa 9–20, So ab 10 Uhr | Lungarno Amerigo Vespucci 28 | Tel. 05 52 39 90 39)* weckt die Lebensgeister. Edel ist das Ambiente im ● *SoulSpace* *(tgl. 10–20 Uhr | Via Sant'Egidio 12 | Tel. 05 52 00 17 94)* mit Pool, Hamam und tollen Anwendungen.

SAN MINIATO AL MONTE ★ ☼
(130 B5) (*⊞ H7*)

Weithin sichtbar steht dieses Kleinod romanischer Baukunst auf einem Hügel südlich des Arno. Vom Vorplatz der Kirche haben Sie einen wunderbaren Blick über ganz Florenz. Schon zu Zeiten Karls des Großen stand hier eine Kirche; vermutlich wurde sie über dem Grab des hl. Minias errichtet, der 250 n. Chr. den Märtyrertod starb. Seine Gebeine werden in einem Schrein in der Krypta aufbewahrt.

Die Fassade der heutigen Basilika (1018–1207) ist mit weißem Carrara-Marmor und grünem Serpentin belegt. Auch Fußboden, Chorschranken und Kanzel tragen kostbare Marmoreinlegearbeiten. Das Apsismosaik mit dem *Thronenden Christus* von 1297 wurde mehrfach restauriert. Am Ende des Mittelschiffs steht ein tonnengewölbtes *Marmortabernakel* von Michelozzo (1448) mit Kassettenrosetten und farbigen Majolikaschindeln von Luca della Robbia. Die Altartafeln (um 1396) stammen aus der Werkstatt Agnolo Gaddis. Im linken Seitenschiff befindet sich die *Cappella del Cardinale del Portogallo*: Das Grabmal wurde von Rossellino gestaltet, die Kapellendecke und die Rundbilder aus farbig glasierter Terrakotta von Luca della Robbia (1461–66).

Die Kirche und der angrenzende *Palazzo dei Vescovi* gehörten 1373–1552, wie auch heute wieder, den Olivetanern, einer Benediktinerkongregation, deren ● Vespergesänge stets um ca. 17.30 Uhr in der Kirche ertönen. *Tgl. Sommer 8–20, Winter 8–13 und 15.30–19 Uhr | Via del Monte alle Croci | Bus 12, 13*

Hoch über der Stadt liegt die Kirche San Miniato al Monte

SINAGOGA/MUSEO EBRAICO
(130 B2) (*⊞ H4–5*)

Der Bau der Synagoge von Florenz wurde 1882 beendet und ist ein schönes Beispiel neumaurischer Architektur. Das Innere ist vollständig mit Fresken versehen. Auch die Mosaiken, mehrfarbigen Glasfenster und Dekorationen in Bronze und Holz sind bemerkenswert. Im ersten Stock wird die Geschichte der Juden in Florenz anhand von Fotos, Gemälden und rituellen Gegenständen veranschaulicht. *Juni–Sept. So–Do 10–18.30, Fr 10–17, Okt.–Mai So–Do 10–17.30, Fr 10–15 Uhr, Sa und an jüdischen Feiertagen geschl. | Eintritt 6,50 Euro | Via Farini 4/6 | www.moked.it/firenzebraica | Bus 6, 14, 23, 31, 32, C1*

ESSEN & TRINKEN

Die Italiener geben sich den Freuden der Tafel bedingungslos hin, sie genießen ihr Essen – oft über Stunden hinweg.

Wenn Sie gepflegt speisen und die berühmt gute Küche der Toskana genießen wollen, ist der Besuch eines *ristorante* oder zumindest einer *trattoria* zu empfehlen, wo es abends aber ratsam ist, einen Tisch vorzubestellen. In der *trattoria*, manchmal auch *osteria* genannt, ist die Atmosphäre locker-gemütlich, man wählt unter den *specialità della casa* (Spezialitäten des Hauses) und trinkt dazu einen *vino della casa* (Hauswein). Allerdings kann sich auch ein absolutes Spitzenrestaurant *trattoria* nennen: Ein Blick auf die Kreditkartenhinweise und den Preisaushang schafft rasch Klarheit. Häufig bieten Trattorien ein *menu a prezzo fisso*, d. h. ein Tagesgericht zum Festpreis, an. Selfservicelokale sind vielleicht billiger, im Allgemeinen aber nicht zu empfehlen, da sie Einheitskost bieten. Je nach Gusto können Sie sich auch in einer der vielen Bars, *wine bars* und *enoteche* verköstigen, die ab mittags zum Teil raffinierte Spezialteller und Menüs bereithalten. Hier ist die Weinauswahl groß, und es geht leger zu.

Zu den Preisen der Gerichte wird fast immer pro Person ein Entgelt für *pane e coperto* (Brot und Gedeck) erhoben, das zwischen 1 und 5 Euro variiert. Hinzu kommen oft noch 10–16 Prozent Bedienungszuschlag. Üblich ist überall ein Trinkgeld (zehn Prozent). Lassen Sie sich aber zuerst genau herausgeben. *Il resto*, den Rest, lassen Sie dann einfach auf

Mehr als Pizza und Pasta – in Florentiner Restaurants legt man Wert auf frische Zutaten und die Tradition der toskanischen Küche

dem Tisch zurück. Normalerweise sind die Küchen 12.30–14.30 und 19.30–22.30 Uhr geöffnet. **INSIDER TIPP** Viele Lokale sind im August geschlossen, da die meisten Florentiner verreist sind, sowie zwischen Weihnachten und Neujahr. Die Küche der Toskana ist sehr traditionsgebunden und orientiert sich am jeweiligen Angebot der Saison. Auf Frische und Geschmackstreue wird besonderer Wert gelegt. Schwere Saucen und undefinierbare Beilagen sind ebenso verpönt wie Auswüchse kulinarischer Modetrends.

Fleischspeisen werden meist gebraten, Gemüse nur leicht gedünstet und dann mit einem Schuss Olivenöl verfeinert. Doch die Gemüsebeilage, die *contorni*, müssen Sie extra bestellen.
Die Speisenfolge in einem Restaurant sieht im Allgemeinen so aus: *antipasto* (Vorspeise), *primo piatto* (erster Gang), *secondo piatto* (Hauptgang), *contorno* (Beilage), *dolce* (Süßspeise) oder *formaggio* (Käse) und *caffè* (Espresso). Zum Abschluss sollten Sie sich einen *digestivo* oder ein Gläschen *vin santo* gönnen.

Sehen und gesehen werden: das Café Gilli auf der Piazza della Repubblica

Achtung: Im Zentrum wird in Bars und Cafés fast immer der Preis verdoppelt, wenn Sie sich setzen, statt Kaffee und *brioche* im Stehen am Tresen zu verzehren.

CAFÉS

CAFFÈ FLORIAN (122 B4) (*∅ F5*)
Klein und fein: Das berühmte Café aus Venedig hat hier einen Ableger. *Sept.– Juli Di–So 10–21 Uhr | Via del Parione 28r | www.caffeflorian.com*

CAFFÈ PITTI (122 A6) (*∅ E6*)
Gegenüber dem Palazzo Pitti mit Art-déco-Einrichtung, Sofas und gutem Gebäck. Von 12 bis 17 Uhr gibt's ein 3-gängiges Menü für 15 Euro. *Tgl. 11–24 Uhr | Piazza Pitti 9 | www.caffepitti.it*

GILLI (122 C4) (*∅ F5*)
1733 gegründet und noch immer sehr beliebt, besonders wegen seines vorzüglichen Gebäcks. Elegante Atmosphäre mit historischem Charme. *Mi–Mo 7.30– 1 Uhr | Via Roma 1 | www.gilli.it*

GIUBBE ROSSE (122 C4) (*∅ F5*)
Bar und nostalgisches Kaffeehaus. Um 1900 war hier der tägliche Treffpunkt von Literaten und Malern. Von den Kellnern in roten Westen *(giubbe rosse)* werden auch ganze Menüs serviert. *Tgl. 10–1 Uhr | Piazza della Repubblica 13r | www.giubberosse.it*

RIVOIRE ● (122 C4) (*∅ F5*)
Teuer (wenn man sich an einen Tisch setzt), aber unschlagbar. Hier muss man einfach eine **INSIDER TIPP** *cioccolata calda con panna* (heiße Schokolade mit Sahne) getrunken haben; das Rivoire gehört zu Florenz wie der Palazzo Vecchio gegenüber. *Di–So 8–24 Uhr | Piazza della Signoria 5 | www.rivoire.it*

EISDIELEN

GELATERIA CARABÈ (123 D1) (*∅ G4*)
Leckere Eiskreationen und *granita* nahe San Marco. *Tgl. 9–1.30, im Winter 11–20 Uhr | Via Ricasoli 60 | www.gelateriacarabe.it*

ESSEN & TRINKEN

INSIDER TIPP ▶ GROM (122 C3) (*ØN F5*)
Das Know-how zur Eisherstellung kommt aus Turin, die Zutaten aus der ganzen Welt. *April–Okt. 10.30–24, Nov.–März bis 23 Uhr | Via del Campanile/Ecke Via delle Oche | www.grom.it*

VIVOLI ★ ● (123 E4) (*ØN G5*)
Beliebte Gelateria mit 40 köstlichen Eissorten, die bis nach Australien verschickt! *Di–So bis 24, Nov.–März bis 21 Uhr | Via Isola delle Stinche 7 | www.vivoli.it*

ENOTHEKEN, BARS & SNACKS

LA BOULANGERIE (122 B3) (*ØN F4*)
Ideal für den Hunger zwischendurch: gute Baguettes, Salate und kleine Gerichte. *Mi–So 8–20, Mo/Di bis 17 Uhr | Via de'Rondinelli 24r | www.ilrifrullo.com*

LA DIVINA ENOTECA (122 C1) (*ØN F4*)
Im Herzen der Stadt bieten die netten Besitzer Bianca und Livio exzellente Weine an – wer mag, kann auch eine Kleinigkeit dazu essen. *Di–So 10.30–21 Uhr | Via Panicale 19r | Tel. 0 55 29 27 23 | www.ladivinaenoteca.it*

'INO (122 C5) (*ØN F5*)
In einer winzigen Gasse hinter der Piazza della Signoria können Sie sich ein echtes Delikatessenbrötchen zusammenstellen lassen und dazu guten Wein genießen. *Tgl. 11.30–16.30 Uhr | Via dei Georgofili 3r–7r | www.inofirenze.com*

MAMA'S BAKERY (129 D3) (*ØN E6*)
Gute Sandwiches nach amerikanischer Art in Florentiner Ambiente. *Mo–Fr 8–17, Sa 9–15 Uhr | Via Della Chiesa 34r | www.mamasbakery.it*

INSIDER TIPP ▶ PROCACCI (122 B3) (*ØN F5*)
Wer ein Glas guten Weißwein und ein köstliches Trüffelbrötchen Süßem vorzieht und etwas antiquiertes Ambiente liebt, wird hier ins Schwärmen kommen! *Mo–Sa 10–20 Uhr | Via Tornabuoni 64r | www.procacci1885.it*

MARCO POLO HIGHLIGHTS

★ **Vivoli**
Probieren Sie das wahrscheinlich beste Eis der Stadt! Dabei haben Sie die Qual der Wahl, denn über 40 Sorten wollen Ihren Gaumen erobern → S. 63

★ **Cantinetta Antinori**
Hier können Sie nicht nur die berühmten Weine des Hauses kosten, sondern bekommen auch leckere kleine Gerichte serviert → S. 65

★ **Cibrèo Ristorante**
Ein kulinarisches Reich im Marktviertel von Sant'Ambrogio → S. 65

★ **La Giostra**
Vorzügliche Gerichte und ein gut sortierter Weinkeller → S. 65

★ **Omero**
Beliebter Landgasthof mit hervorragender toskanischer Küche und einem tollen Ausblick → S. 65

★ **Obikà Mozzarella Bar**
Lassen Sie sich von der Geschmacksvielfalt des Mozzarella überraschen → S. 67

★ **Il Santo Bevitore**
Die Küche kombiniert gekonnt Tradition und Moderne → S. 67

★ **Fiaschetteria Trattoria Mario**
Typisch florentinische Gerichte in einem winzigen Lokal → S. 68

SPEZIALITÄTEN

▶ **arista alla fiorentina** – gebratenes Schweineschnitzel mit Rosmarin und Knoblauch

▶ **baccalà alla fiorentina** – Stockfisch in Tomatensauce mit Basilikum

▶ **biscotti di Prato (cantucci)** – Mandelkekse, die man in *vin santo,* einen süßen Dessertwein, taucht (Foto re.)

▶ **bistecca alla fiorentina** – ein 3,5 cm dickes T-Bone-Steak (Foto li.)

▶ **carciofi fritti** – geviertelte, ausgebackene Artischocken

▶ **cinghiale (coniglio) in umido** – Wildschwein bzw. Kaninchen in Tomatensauce

▶ **crostini toscani** – geröstetes Brot mit einer Farce aus Hühnerleber, Kapern und frischen Kräutern

▶ **fagioli all'uccelletto con salsicce** – weiße Bohnen in Tomatensauce mit Salbei und dicken Schweinsbratwürstchen

▶ **fettunta** – geröstete Brotscheiben, im Sommer mit Tomaten und Basilikum, im Winter mit Knoblauch und frisch gepresstem Olivenöl beträufelt

▶ **lesso (bollito misto) con salsa verde** – gekochte Fleischsorten (Rind, Zunge, Huhn) mit grüner Kräutersoße

▶ **minestrone/zuppa di verdura** – dicke Gemüsesuppe

▶ **panzanella** – ein Sommersalat aus toskanischem Weißbrot und aromatischen Tomaten

▶ **pappa al pomodoro** – lauwarme Tomatenbrotsuppe

▶ **pollo al mattone** – Hühnchen, mit einem Ziegel flach gedrückt und auf Holzfeuer gebraten

▶ **ribollita** – wieder aufgekochte Gemüsesuppe mit weißen Bohnen und Brot

▶ **tagliata** – vom Knochen gelöstes, in Streifen geschnittenes Steak

▶ **tagliatelle alla lepre (al cinghiale)** – Bandnudeln mit Hasen-(Wildschwein-)Ragout

▶ **trippa alla fiorentina** – Kalbskutteln mit Tomatensauce

VIVANDA 😊 (129 D3) (*∅ E5*)

Enothek, die ausschließlich Bioweine anbietet – und das sind immerhin 120 verschiedene. Außerdem kleine Gerichte mit Zutaten aus biologischem Anbau. *Tgl. 10–15 und 18–24 Uhr | Via Santa Monaca 7 | www.vivandafirenze.it*

RESTAURANTS €€€

ALLE MURATE (123 D4) (*∅ G5*)

Giovanna Iorio gilt als eine der besten Köchinnen der Stadt, und die Wandmalereien sind museumswürdig (Erklärung per Audioguide möglich). Eines der Fresken wurde als **INSIDER TIPP** **einzige authentische Abbildung Dantes** erkannt! Mittags *menù unico* für nur 16 Euro. *Mi–So | Via del Proconsolo 16r | Tel. 0 55 28 89 50 | www.allemurate.it*

CAFFÈ CONCERTO ☘ (131 D3) (🗺 K6)

Herrliche Terrasse mit Blick auf den Arno; elegant, mit freundlichem Service und vorzüglicher internationaler Küche. *Mo–Sa | Lungarno Cristoforo Colombo 7 | Tel. 0 55 67 73 77 | www.caffeconcerto.net*

CANTINETTA ANTINORI ★
(122 B3) (🗺 F5)

Treffpunkt der Florentiner Society im Palazzo Antinori. Angenehme *cantinetta* (Weinschänke), in der Sie nicht nur die berühmten Weine des Hauses, sondern auch vorzügliche Köstlichkeiten probieren können. *Mo–Fr | Piazza Antinori 3r/ Via Tornabuoni | Tel. 0 55 29 22 34 | www.cantinetta-antinori.com*

CIBRÈO RISTORANTE ★
(130 B2) (🗺 H5)

Fabio Picchi hat für jeden die Möglichkeit geschaffen, toskanische Küche vom Besten – mal ganz ohne Nudeln – kennenzulernen. Er liebt es, persönlich die täglich wechselnden Gerichte vorzustellen. Dazu gehört auch das günstigere *Cibreino (s. S. 66)* nebenan. Nur mit Reservierung. *Di–So | Via Andrea del Verrochio 8r | Tel. 05 52 34 11 00 | www.cibreo.com*

LA GIOSTRA ★ (123 E3) (🗺 G5)

Hier lautet das Motto „in food we trust" – sehr gute Küche und ein ausgezeichnetes Weinsortiment. Der Habsburger Erzherzog Soldano, Besitzer und Koch, bewirtet jeden Abend persönlich seine Gäste! *Mo–Fr und Sa abends | Borgo Pinti 10r | Tel. 0 55 24 13 41 | www.ristorantelagiostra.com*

OMERO ★ ● ☘ (133 E3) (🗺 F8)

Bei Florentinern beliebt mit guter toskanischer Küche. Sie betreten den Speiseraum (grandioser Blick) durch die *bottega,* wo Schinken und Salami von der Decke hängen und Sie sich auch einfach ein Schinkenbrot machen lassen können. Gegenüber lebte Galileo Galilei. *Tgl. | Via Pian dei Giullari 11r | Tel. 0 55 22 00 53 | www.ristoranteomero.it*

Il Cibrèo ist eine Institution in Florenz und berühmt für lukullischen Genuss

TAVERNA DEL BRONZINO (126 A5) (🗺 G3)

Elegantes Restaurant mit feiner toskanischer Küche und besonders gut sortiertem Weinkeller *(vorbestellen). Mo–Sa | Via delle Ruote 27r | Tel. 0 55 49 52 20*

RESTAURANTS €€

4 LEONI (122 B6) (🗺 F6)

Typische Trattoria, wo die hausgemachte Pasta und die berühmte *bistecca alla fiorentina* besonders gut ist! *Mi mittags geschl. | Via dè Vellutini 1/Ecke Via Toscanella | Tel. 0 55 21 85 62 | www.4leoni.com*

LA BOTTEGA DI ROSA (122 B3) (🗺 F5)

Hier essen Sie mit Geschäftsleuten und Florentiner Familien. *Tgl. | Via del Campidoglio 8/14r | Tel. 05 52 67 04 23 | www.labottegadirosa.it*

CAVOLO NERO (129 D3) (🗺 E6)

Eines der jungen Lokale in einer schmalen Gasse südlich des Arno mit Garten. Vorzugsweise Fischgerichte. *Mo–Sa, nur abends | Via dell'Ardiglione 22 | Tel. 0 55 29 47 44 | www.cavolonero.it*

CIBREINO (130 B2) (🗺 H5)

Ein Ableger des edlen *Cibrèo* (s. S. 65). Die Gerichte sind etwas einfacher, serviert wird an Holztischen. Keine Reservierung. *Sept.–Juli Di–So 12.50–14.30 und 19–23.30 Uhr | Via dei Macci 122r | www.edizioniteatrodelsalecibreofirenze.it*

INSIDER TIPP COCO LEZZONE (122 B4) (🗺 E5)

Seit Jahren ein In-Lokal. Die Florentiner Gesellschaft drängelt sich in den engen Räumen. Vorzügliche Küche. *So und Di abends geschl. | Via del Parioncino 26r | Tel. 0 55 28 71 78*

IL GUSCIO (128 C3) (🗺 D5)

Typische Trattoria mit guter Küche und einer großen Weinkarte. *Di–Sa nur abends | Via dell'Orto 49a | Tel. 0 55 22 44 21 | www.il-guscio.it*

GOURMETTEMPEL

Enoteca Pinchiorri (130 A2) (🗺 G5)

Eines der besten Restaurants Italiens! Große Küche und gepflegte Weine in traumhaft schönen Räumen. Ab 90 Euro. *Di–Sa nur abends | Via Ghibellina 87 | Tel. 0 55 24 27 77 | www.enotecapinchiorri.com*

Onice (130 C5) (🗺 H6–7)

Gourmetrestaurant mit 🌿 Blick auf Florenz, mit orientalischem Touch verfeinerte regionale Küche. Ab 70 Euro. *Tgl. | Hotel Villa La Vedetta | Viale Michelangelo 78 | Tel. 0 55 68 16 31 | www.villalavedettahotel.com*

Relais le Jardin (130 B1) (🗺 H4)

Von allen Gourmetführern Italiens hochgelobtes, intimes Restaurant. Im Sommer speist man im zauberhaften Garten. Ab 70 Euro. *Mo–Sa | Hotel Regency | Piazza d'Azeglio 3 | Tel. 0 55 24 52 47 | www.regency-hotel.com*

Ristorante Villa San Michele 🌿 (U E2)

Von der Loggia des Luxushotels in einem Ex-Kloster wird mit Traumblick auf Florenz jedes Menü zum Erlebnis. Ab 90 Euro. *Mitte März–Mitte Nov. tgl. | Via Doccia 4 | Fiesole | Tel. 05 55 67 82 00 | www.villasanmichele.com*

LUNGARNO 23 (123 D6) (🗺 G6)

Alles vom Chianina-Rind: Carpaccio, Roastbeef, Tatar und exquisite Hamburger. *Mo–Sa | Lungarno Torrigiani 23 | Tel. 05 52 34 59 57 | www.lungarno23.it*

INSIDER TIPP DA MIMMO
(125 F5) (🗺 G3)

Mimmo hat sich verpflichtet, für seine vorzüglichen Gerichte nur frische Zutaten zu verwenden – noch ein Grund mehr, in diesem schönen Theater aus dem 17. Jh. zu essen! *Sa mittags und So geschl. | Via San Gallo 57–59r | Tel. 0 55 48 10 30 | www.ristorantedamimmo.it*

OBIKÀ MOZZARELLA BAR ⭐
(122 B3) (🗺 F5)

Seit 2009 isst man den besten Mozzarella der Stadt im vornehmen Palazzo Tornabuoni. Wer die süditalienische Käsekultur besser kennenlernen möchte, kann hier auch an einer Degustation teilnehmen. *Tgl. 8–23 Uhr | Via dei Tornabuoni 16 | Tel. 05 52 77 35 01 | www.obika.it*

OSTARIA DEI CENTOPOVERI
(122 A3) (🗺 E4)

Machen Sie sich ein Bild von den Kochkünsten des Chefkochs Nicola Ferrara – und probieren Sie auch eine Nachspeise: Sie werden noch lange daran denken! *Mi–Mo | Via Palazzuolo 31 | Tel. 0 55 21 88 46 | www.centopoveri.it*

OSTERIA DE' BENCI (123 E5) (🗺 G5)

Florentiner Küche in freundlicher Atmosphäre nahe der Piazza Santa Croce. *Mo–Sa | Via de' Benci 13r | Tel. 05 52 34 49 23 | www.osteriadeibenci.it*

INSIDER TIPP OSTERIA DEI PAZZI
(123 E4) (🗺 G5)

Lassen Sie sich von Paolo mit Florentiner Köstlichkeiten verwöhnen, und probieren Sie hier die typische *bistecca alla fiorentina! Di–So | Via dei Lavatoi 3 | Tel. 05 52 34 48 80*

RISTORANTE DEL FAGIOLI
(123 E5) (🗺 G6)

Einfache, alte Trattoria mit traditionellen Gerichten wie *bollito misto* (Suppenfleisch), *lingua* (Zunge) oder *trippa* (Kutteln). *Mo–Fr | Corso Tintori 47 | Tel. 0 55 24 42 85*

Süße Verführung – das Dessert im Ristorante Villa San Michele

IL SANTO BEVITORE ⭐
(129 D3) (🗺 E5)

Lassen Sie sich keinesfalls die Vorspeisen wie verschiedene Schinkensorten und eingelegtes oder gegrilltes Gemüse entgehen: Spezialitätentipp für danach: *tartara* aus Chianina-Rind oder ein guter Fisch. Ausgezeichnetes Preis-Leistungs-Verhältnis. *Tgl. außer So mittags | Via*

Traditionsreiches Ambiente und gute regionale Küche: Sostanza detto „Il Troia"

Santo Spirito 64–66r | Tel. 0 55 21 12 64 | www.ilsantobevitore.com

SOSTANZA DETTO „IL TROIA"
(122 A3) (*E5*)

In dem Gasthaus von 1869 genoss bereits Chagall die toskanische Küche. *Mo–Fr, April/Mai, Sept./Okt. auch Sa | Via del Porcellana 25r | Tel. 0 55 21 26 91*

TRATTORIA DEL CARMINE
(129 D3) (*E5*)

Toskanische Küche, korrekte Preise, nette Bedienung. *Mo–Sa, im Winter tgl. | Piazza del Carmine 18r | Tel. 0 55 21 86 01*

TRATTORIA DELL'ORTO
(128 C3) (*D5*)

Helle Farben, netter Service, toskanische Küche. Im Sommer auch draußen. *Mi–Mo | Via dell'Orto 35a | Tel. 0 55 22 41 48 | www.trattoriadellorto.com*

RESTAURANTS €

DOLCE VEGAN (126 A4) (*G3*)

In diesem winzigen Bio-Bistro werden die feinsten veganen Gerichte zubereitet. Besonders empfehlenswert sind die Nachtische! *Mo–So 12–15 und 19–24 Uhr | Via San Gallo 92r | Tel. 05 50 19 54 37 | www.dolcevegan.it*

FIASCHETTERIA NUVOLI
(122 C3) (*F4*)

Lassen Sie sich nicht von dem winzigen Kellerloch abschrecken. Ideal, um vorzugsweise mittags mit Florentinern eine Kleinigkeit zu essen. *Mo–Sa 8–21 Uhr | Piazza dell'Olio 15 | Tel. 05 52 39 66 16*

FIASCHETTERIA TRATTORIA MARIO ★
(122 A4) (*F4*)

Winzige, typische Trattoria beim Mercato Centrale, immer rappelvoll. Kleine Auswahl florentinischer Gerichte. *Mo–Sa nur mittags | Via Rosina 2r | Tel. 0 55 21 85 50 | www.trattoriamario.com*

GOZZI SERGIO (122 C2) (*F4*)

Unverfälschte Trattoria hinter den Marktständen von San Lorenzo, in der seit Jahrzehnten dieselben einfachen Gerichte aufgetischt werden – zu beinahe gleichbleibenden Preisen. *Mo–Sa nur mittags | Piazza San Lorenzo 8 | Tel. 0 55 28 19 41*

HOSTERIA DA GANINO

(123 D4) (*ഡ F5*)

Eine Trattoria wie zu alten Zeiten: eine traditionsbewusste Küche, unkomplizierter Service und urig gemütlich! *Mo–Sa | Piazza dei Cimatori 4r | Tel. 0 55 21 41 25*

INSIDER TIPP ▶ NERBONE

(122 B–C1) (*ഡ F4*)

Im Mercato Centrale drängen sich die Florentiner seit 1872 zur Mittagszeit um diesen Stand. Typische Gerichte zu moderaten Preisen. *Mo–Sa 7–14 Uhr | Mercato Centrale | Via dell'Ariento*

OSTERIA-PIZZERIA BALDOVINO

(130 B3) (*ഡ G5*)

Eine günstige Adresse nahe Santa Croce. *Tgl. | Via San Giuseppe 22r | Tel. 0 55 24 17 73*

OSTERIA SAN NICCOLÒ

(130 A4) (*ഡ G6*)

Bis 24 Uhr gute Florentiner Küche zu zivilen Preisen. *Mo–Sa | Via San Niccolò 60 | Tel. 05 52 34 28 36*

ROSE'S (122 B4) (*ഡ F5*)

Trendy. Ein Lokal mit gutem Light Lunch. *Mo–Sa 12–1.30 Uhr | Via del Parione 26r | www.roses.it*

PIZZAMAN

Die beste Pizza der Stadt: *caprese con bufala* – der Weg zu den nicht ganz zentral gelegenen Lokalen lohnt sich! *Di–So | Via di Rocca Tedalda 411 (0) (ഡ O5) | Tel. 0 55 69 17 56; tgl. | Via del Sansovino 191 (124 A6) (ഡ B4) | Tel. 0 55 71 27 38 | www.pizzaman.it*

TRATTORIA LA CASALINGA

(129 E3) (*ഡ E6*)

Immer voll, immer gut, immer mitten im Leben. Sehr einfache Trattoria mit traditionellen toskanischen Gerichten. Reservieren! *Mo–Sa | Via de' Michelozzi 9r | Tel. 0 55 218 624 | www.trattorialacasalinga.it*

TRATTORIA SANT'AGOSTINO

(129 D3) (*ഡ E6*)

Beliebte Oltrarno-Trattoria. Ein ganzes Mittagsmenü mit Nachtisch gibt es hier noch für 13 Euro. *Di–So | Via Sant'Agostino 23r | Tel. 0 55 210 208 | www.santagostinofirenze.com*

IL VEGETARIANO (125 F5) (*ഡ G3*)

Vegetarische Trattoria, klein, nett, gut und preiswert. *Di–So, Sa/So nur mittags | Via delle Ruote 30r | Tel. 0 55 47 50 30 | www.il-vegetariano.it*

EINKAUFEN

CITY **WOHIN ZUERST?**

Piazza della Repubblica (122 C3–4) (🗺 F5): Die Schnittstelle für Shopper: Wenn Sie sehen wollen, was die Haute Couture zu bieten hat, halten Sie Ihr Portemonnaie gut fest und flanieren Sie über die Via Tornabuoni: Armani, Bulgari, Cavalli … Auf nur 300 m wird das Abc der Mode durchbuchstabiert. Passt das nicht zu Ihrem Budget, schlendern Sie durch die Gassen in entgegengesetzter Richtung. Hier gibt es für jeden Geldbeutel etwas. Elektrobus C1 und C2, Bus 6 und 22, Parkmöglichkeit: Stazione Santa Maria Novella.

Ein Shoppingbummel in Florenz ist ein ästhetisches Vergnügen – möglicherweise aber auch ein sehr teures.

Mode ist auf jeden Fall der heiße Einkaufstipp, besonders zu den Ausverkäufen *(saldi)* im Januar/Februar und im Juli/August. Beachten Sie dabei: Die italienischen Kleidergrößen unterscheiden sich von den deutschen um etwa zwei Nummern (ital. Gr. 42 = dt. Gr. 38). Lieben Sie Gold und Silber, Edelsteine und Bestecke? In der Gegend um den Ponte Vecchio finden Sie außer echtem auch phantasievollen Modeschmuck. Wenn Sie den Arno überqueren, betreten Sie Oltrarno. Den Auftakt macht hier der *Borgo San Jacopo* mit seinen extravaganten Boutiquen, während sich zwischen Via Maggio, Via Santo Spirito und

Von exquisiten Geschäften bis zu rustikalen Märkten – Florenz bietet für jeden Geldbeutel und Geschmack etwas Einzigartiges!

Borgo San Frediano das Reich der Antiquitätenhändler erstreckt.

Die regulären Öffnungszeiten sind: *Mo–Sa 9–13 und 15.30–19.30 Uhr*. Die Läden der Innenstadt haben meist durchgehend geöffnet, manche auch sonntags. Lebensmittelläden sind mittwochnachmittags, alle anderen montagvormittags geschlossen. Im Juli/August sind viele Läden – bis auf Modegeschäfte und Kaufhäuser – samstagnachmittags zu. Mitte August bleiben einige Geschäfte für zwei Wochen ganz geschlossen.

ANTIQUITÄTEN

Im Viertel Santa Maria Novella reihen sich längs der Via de'Fossi und des Borgo Ognissanti die Antiquitätengeschäfte, genau wie auf der anderen Flussseite rund um die Via Maggio.

ATELIER MELISSA GENTILE
(122 A3) (*E5*)

Mehrere Geschäfte rund um den schönen Innenhof des Palazzo Fossombroni. *Sa geschl. | Via dei Fossi 7b/r*

Parmigiano, Mortadella oder Salami: regionale Spezialitäten bei Perini

CASA WOLF (129 D1) (*□ E5*)

Jahrelang hat der Chirurg Renato Einrichtungsgegenstände gesammelt – heute kann man die Antiquitäten kaufen. *Borgo San Frediano 151r | www.casawolf.it*

BUCHHANDLUNGEN

FELTRINELLI INTERNATIONAL
(122 C2) (*□ F4*)

Große Auswahl an deutscher, englischer und französischer Literatur und Zeitschriften. *Via Cavour 13 | www.lafeltrinelli.it*

GOZZINI (123 D1) (*□ F4*)

Ein kleines, gepflegtes Antiquariat mit Raritäten und viel Atmosphäre. *Via Ricasoli 49 | www.gozzini.com*

DELIKATESSEN

AMARÙ (122 A4–5) (*□ E5*)

Kleines Feinkostgeschäft im Stil eines Kaufmannsladens, in dem Sie auch Küchenutensilien bekommen. *Piazza Nazario Sauro 14r | www.amarufirenze.it*

LA BOTTEGA DELL'OLIO
(122 B5) (*□ F5*)

Die besten Olivenöle und alles, was sich aus Oliven herstellen lässt. *Piazza del Limbo 2/Borgo SS. Apostoli*

OLIO & CONVIVIUM (122 A5) (*□ E5*)

Die alten Regale sind voll mit köstlichen Spezialitäten, die Sie mit nach Hause nehmen können: Olivenöl, Honig, Pastasaucen, Wein und vieles mehr. Oder wollen Sie nur einen schnellen Lunch einnehmen? Alles möglich in diesem schönen Palazzo in Oltrarno. *Via Santo Spirito 20 | www.conviviumfirenze.it*

PEGNA (123 D3) (*□ F5*)

Seit 1860 existiert das Delikatessengeschäft nahe des Doms. Mittlerweile ist es ein Supermarkt für kulinarische Köstlichkeiten. *Via dello Studio 8 | www.pegna.it*

INSIDER TIPP ▶ PERINI (122 B1) (*□ F4*)

Ein Schlaraffenland in der Markthalle mit Lebensmitteln bester Qualität. Lassen Sie sich hier ein leckeres *panino* nach eigenem Geschmack belegen. *Mercato Centrale | Via dell'Ariento*

VESTRI (123 E4) (*🗺 G5*)

Feinste Schokolade in verschiedensten Formen und Geschmäckern, auch Eis. *Borgo degli Albizi 11r | www.vestri.it*

FLORENTINISCHES & KURIOSES

CARLO SAITTA (130 B2) (*🗺 H5*)

Handgeschöpftes und kunstvoll bedrucktes Papier, bei dessen Herstellung Sie zusehen können. *Via dell'Agnolo 28r*

MARIO LUCA GIUSTI (122 A4) (*🗺 E5*)

Exklusives und elegantes Geschirr des Florentiner Designers, zeitgemäß aus reinem Kunststoff – in vielen Farben und Formen. *Via della Vigna Nuova 88r | www.mariolucagiusti.com*

LEGATORIA LA CARTA (129 D4) (*🗺 E6*)

Seit 1967 arbeitet Omero Benvenuti als Buchbinder. Seine gebundenen Terminkalender oder Fotoalben sind kleine Kunstwerke. *Via Romana 58r | www.legatorialacarta.com*

LUNGARNO DETAILS

(122 B–C5) (*🗺 F5*)

Hier finden Sie Designobjekte, Accessoires und gute Geschenkideen. *Lungarno Acciaiuoli 4*

INSIDER TIPP OFFICINA PROFUMO-FARMACEUTICA DI S. MARIA NOVELLA

(122 A2) (*🗺 E4*)

Schon beim Eintreten betören Sie Kräuterdüfte der Toskana. 1221 wurde die ehemalige Klosterapotheke von Dominikanern gegründet; heute erhalten Sie in den ehrwürdigen Räumen Parfums, Seifen und Potpourris. *Via della Scala 16 | www.smnovella.com*

PAOLO CARANDINI (123 F4) (*🗺 G5*)

Überall Schachteln, ob aus Leder oder Pergament, ob modernes Design oder Kunsthandwerk. *Borgo Allegri 17 | www.paolocarandini.com*

LE PIETRE NELL'ARTE ★

(123 D3) (*🗺 G4*)

Seit dem 16. Jh. wird hier die Kunst der Einlegearbeit von Halbedelsteinen von Vater zu Sohn überliefert. Von der Brosche über die Schmuckdose bis zur Tischplatte! *Via Ricasoli 59r | www.scarpellimosaici.it*

PINEIDER (122 C4) (🕮 F5)

Exklusive Schreibwaren, Kalender und personalisiertes Briefpapier. *Piazza della Signoria 13 | www.pineidershop.com*

SBIGOLI TERRECOTTE ★
(123 E3) (🕮 G5)

Vom bemalten Eierbecher über den hübsch glasierten Wasserkrug bis zu den großen, handgearbeiteten Terrakottavasen aus Impruneta ist alles erhältlich. *Via Sant'Egidio 4r | www.sbigoliterrecotte.it*

LOW BUDG€T

▶ Die Flohmärkte auf der *Piazza Santo Spirito* **(122 A5–6)** *(🕮 E6)* an jedem zweiten oder um die große Fontäne der *Fortezza da Basso* **(125 D–E4)** *(🕮 E–F3)* an jedem dritten Sonntag des Monats sind Fundgruben für Schnäppchen.

▶ Beliebt sind die Outlets in der Umgebung: *The Mall* **(133 F4)** *(🕮 0) (tgl. 10–19 Uhr | Via Europa 8 | Leccio | Reggello | zweimal tgl. organisierte Busfahrten für 25 Euro/Pers. | Infos: Tel. 05 58 65 77 75 | www.outlet-the-mall.com)* hat vor allem Marken wie *Gucci, Zegna, Tod's, Armani, Ferragamo, Fendi, Valentino.* Das ca. 30 km nördlich gelegene *Designer Outlet Barberino (Mo–Fr 10–20, Sa/So bis 21 Uhr | Barberino di Mugello | Ortsteil Scopicci | Shuttleservice vom Hauptbahnhof (vor dem Schuhgeschäft Bata) tgl. 10 und 14.30 (ca. 40 Min.), Rückfahrt ab Outlet tgl. 13.30 und 18 Uhr | Hin- und Rückfahrt 15 Euro | Infos: Tel. 05 584 261 | www.mcarthurglen.com)* ist konzipiert wie ein Dorf mit über 90 internationalen Marken.

ARMANDO POGGI (122 C3) (🕮 F5)

Armando Poggi gehört zu den alteingesessenen Firmen, die Zubehör für eine schöne Tafel bieten. *Via dei Calzaiuoli 103r/116r | www.apoggi.com*

BRANDIMARTE (128 C2) (🕮 D5)

Platten, Leuchter oder Becher aus handgearbeitetem Silber. *Viale Ariosto 11c/r | www.brandimarte.com*

INSIDER TIPP MOLERIA LOCCHI
(128 C2) (🕮 D5)

Einzigartige Glasschleiferei mit 200-jähriger Tradition, die jedes Stück restaurieren oder perfekt nachbilden kann. *Via Burchiello 10 | www.locchi.com*

RICHARD GINORI (122 B3) (🕮 F4)

Seit 1735 der König des italienischen Porzellans. Guter, preisgünstiger Lagerverkauf in Sesto Fiorentino (133 D2) (🕮 D5) *(Viale Giulio Cesare 19). Via dei Rondinelli 17r | www.richardginori1735.com*

KAUFHÄUSER

COIN (122 C4) (🕮 F5)

Gehobenes Kaufhaus mit Shop-in-Shop-System. Gute Strumpfabteilung und, in Italien selten, Übergrößen. *Tgl. 10–19.30 | Via dei Calzaiuoli 56 | www.coin.it*

LA RINASCENTE (122 C3–4) (🕮 F5)

Wenn Sie bis zur bestens bestückten Haushaltsabteilung im vierten Stock fahren und dann rechts eine kleine Treppe erklimmen, können Sie vom Café der ● ☀ INSIDER TIPP Dachterrasse einen wunderbaren Blick auf die Stadt genießen. Besonders gut sortiert ist auch die Parfümerieabteilung. *Mo–Sa 10–21, So 10.30–20 Uhr | Piazza della Repubblica | www.larinascente.it*

KUNST & GALERIEN

GALLERIA IL MAGNIFICO
(123 D4) (*∅ G5*)
Eine gute Auswahl italienischer Malerei vorwiegend des 19. Jhs. *Via dell'Acqua 6*

Lieblingsmotiv. *Via del Moro 46r | www.iltamarino.com*

TETHYS GALLERY (122 A6) (*∅ E6*)
Galerie für zeitgenössische Fotografie. *Via dei Vellutini 17r | www.tethysgallery.com*

Erst shoppen, dann Cappuccino mit Ausblick: auf der Dachterrasse des Rinascente

GALLERIA PANANTI (122 A5) (*∅ E6*)
Der Galerist Piero Pananti gibt auch begehrte Kunstkataloge heraus. *Via Maggio 15 | www.pananti.com*

NENCIONI ★ (123 D4) (*∅ F5*)
Über 2 Mio. Kupferstiche verschiedener Epochen und Motive – ob Landkarten, Veduten, Pflanzen oder Tiere. Auf Wunsch gibt es für jedes Bild auch den dazu passenden Rahmen. *Via della Condotta 25*

IL TAMARINO (122 A3) (*∅ E5*)
Originalradierungen in limitierter Auflage, auch auf Bestellung nach Ihrem

ZECCHI (123 D3) (*∅ F5*)
Farben für Künstler und Restauratoren. Ein Laden, in dem Sie genau die Materialien finden, die bereits die Renaissancekünstler verwendet haben. *Via dello Studio 19r | www.zecchi.it*

LEDERWAREN

IL BISONTE ★ ⏱ (122 A4) (*∅ E5*)
Brauchen Sie einen neuen Koffer, eine Handtasche oder vielleicht nur ein schönes Portemonnaie? Elegantes Reisegepäck vornehmlich aus naturgegerbtem Rind- und Büffelleder. *Via del Parione 31r | www.ilbisonte.net*

Buntes Angebot im Mercato Centrale

und ist dabei relativ preiswert. *Borgo de' Greci 16r*

INSIDER TIPP ▶ SCUOLA DEL CUOIO

(123 F5) *(ⓜ G5)*

Die weltberühmte Lederschule in den Klosterräumen von Santa Croce fertigt Taschen, Schmuckschatullen oder Portemonnaies, die Sie gleich mit Ihren Initialen oder Namen in Goldprägung versehen lassen können. *Piazza di Santa Croce 16 | www.scuoladelcuoio.com*

MÄRKTE

Der große Wochenmarkt mit Obst, Gemüse und vielen Dingen für den alltäglichen Gebrauch findet dienstagvormittags im *Parco delle Cascine* (124 B5) *(ⓜ B–C 3–4)* statt, ein kleiner Flohmarkt täglich auf der *Piazza dei Ciompi* (130 B2) *(ⓜ H5)*.

MERCATO CENTRALE ★

(122 B–C1) *(ⓜ F4)*

Die große, 1784 errichtete Markthalle ist ein Eldorado für kulinarische Genießer. Die Auslagen der Stände seien „... der herrlichste Anblick, den nur ein Mensch finden kann", schrieb schon Heinrich Heine 1828. *Mo–Sa 7–14, im Winter Sa auch 16–20 Uhr | Via dell'Ariento 10–14*

MERCATO DEL PORCELLINO

(122 C4) *(ⓜ F5)*

Lederwaren, Krawatten, Tücher und Souvenirs in der *Loggia del Mercato Nuovo*. *Di–Sa 8–19 Uhr | Via Por Santa Maria*

MERCATO SAN LORENZO ★ ●

(122 B–C 1–2) *(ⓜ F4)*

Mode, aber auch Geschenkartikel, Keramik und Wollwaren auf einem großen und sehr touristischen Markt entlang der Kirche San Lorenzo und der anschließenden Via dell'Ariento. Für die Suche nach

LILIUM (123 D4) *(ⓜ G5)*

Von Hand gefertigte Fotoalben, Hefte oder Notizbücher. *Via del Proconsolo 77r | www.liliumflorence.it*

MARTELLI (123 C5) *(ⓜ F5)*

Handgefertigte Handschuhe in verschiedenen Modellen und Farben. *Via Por Santa Maria 18r | www.martelligloves.it*

NATALINO SARTI (123 D5) *(ⓜ G5)*

Ob Lederkleidung, Schuhe, Taschen oder Koffer, alles wird hier handgearbeitet

einem schönen Mitbringsel lohnt ein Bummel aber allemal. *Di–Sa 8–19 Uhr | Piazza San Lorenzo*

INSIDER TIPP ▶ MERCATO DI SANT'AMBROGIO (130 B2) (🕮 H5)

Hier ist das Marktleben von Florenz am authentischsten: Kaum ein Tourist ist zu sehen, ihre Florentiner Kunden kennen die Händler beim Namen, man tauscht Rezepte aus und kommt am nächsten Tag wieder. *Mo–Sa 7–14, Mi/Do bis 19.30 Uhr | Piazza Ghiberti*

NATURASÌ 🕲

Die Bio-Supermarktkette der Stadt, leider auch die einzige. *Mo 10–20, Di–Do und Sa 9–19,30, Fr 9–20 Uhr | Viale Corsica 19/23 (124 C2) (🕮 D1); Via Masaccio 88/90 (126 C5) (🕮 J4); Via Kassel 30/54 (0) (🕮 N7)*

MARMOR

RAFFAELLO ROMANELLI (128 C2) (🕮 D5)

Wollen Sie Michelangelos *David* für den heimischen Garten? Die Marmorreproduktion in Originalgröße gibt es für 140 000 Euro. Aber auch Erschwingli-cheres (ab 4 Euro) in Marmor und Stein ist hier zu haben. *Borgo San Frediano 70 | www.raffaelloromanelli.com*

MODE

ALTA ROSA 🕲 (125 F5) (🕮 G3)

Stilvolle Damenmode aus Stoffen, bei deren Produktion auf ökologische Kriterien Wert gelegt wurde. *Via San Gallo 84r | www.altarosa.it*

ANDREA PALOMBINI (123 E4) (🕮 G5)

Maßgeschneiderte Damen- und Herrenhemden aus feinsten Stoffen. Wenn die Ware nicht gleich sitzt, wird sie innerhalb von 2 Wochen nachgeschickt. *Borgo degli Albizi 84r | www.andreapalombini.com*

EMILIO PUCCI (122 B4) (🕮 F5)

Stammhaus der Modedynastie Pucci. Die exzentrischen Stoffe des Florentiner Designers sind unverwechselbar. Werfen Sie zumindest einen Blick drauf! *Via Tornabuoni 20/22r | www.emiliopucci.it*

ERMENEGILDO ZEGNA (122 B4) (🕮 F5)

Edler Herrenausstatter mit Kleidung und Accessoires für den modebewuss-

MASSGESCHNEIDERT

Gönnen Sie sich den Luxus einer Maßanfertigung, denn nirgendwo anders als in Florenz wird wahres Kunsthandwerk noch so professionell ausgeführt. *Rina Milano (122 A5) (🕮 E5) (Via Santo Spirito 11 | Tel. 05 52 34 39 38 | www.atelierlungarno.it)* schneidert für Sie ein elegantes Kleid, an die Herren denkt *Antonio Liverano (122 A3) (🕮 E5) (Via dei Fossi 43r | Tel. 05 52 39 64 36 | www.liverano.com)*, die junge Schuhexpertin *Saskia Wittmer (129 D1) (🕮 E4) (Via di S. Lucia 24r | Tel. 0 55 29 32 91 | www.saskiascarpesumisura.com)* fertigt nach dem Modell Ihres Fußes den Schuh Ihrer Wünsche an, und die „weltberühmte Nase" *Lorenzo Villoresi (122 C6) (🕮 F6) (Via dei Bardi 14 | Tel. 05 52 34 11 87 | www.lorenzovilloresi.it)* kreiert für Sie das passende Parfum.

ten Mann. *Via dei Tornabuoni 3 | www.zegna.com*

FLÒ ☺ (122 A3) (*m E5*)
Vintage-Mode und Accessoires sowie Kreationen junger Designer, die Wert auf Nachhaltigkeit legen. *Lungarno Corsini 30–34 | www.flo-firenze.org*

LUISA VIA ROMA (122 C3) (*m F5*)
Der Modetempel: exklusive Boutique auf zwei Etagen mit den neuesten Modellen – nicht nur italienischer Designer. *Via Roma 19–21r | www.luisaviaroma.com*

PITTI VINTAGE (122 A6) (*m E6*)
Klamotten der 1970/80er-Jahre auch von italienischen Designern wie Versace, Fendi, Gucci oder Ferragamo. *Sdrucciolo de' Pitti 19 | www.pittivintage.com*

SCHMUCK & UHREN

APROSIO & CO. (122 A3) (*m E5*)
Phantasievolle und edle Bijous aus venezianischen Glasperlen und Kristallen in Form von Blumen, Tieren, Korallen,

Früchten … *Via della Spada 38r | www.aprosio.it*

ENRICO VERITÀ (122 C3–4) (*m F5*)
In Italien gibt es nur noch acht traditionelle Uhrmacher. Bei diesem hat man das Gefühl, eine Reise in die Vergangenheit zu machen. Auch Reparaturen. *Via de' Calzaiuoli 122r*

EVEN BIJOUX (123 D4) (*m F5*)
Handgearbeiteter Schmuck nach alten und modernen Vorlagen. *Via Dante Alighieri 8r | www.evenbijouxbh.com*

SCHUHE

MONTI CALZATURE (123 D3) (*m F4*)
Sollten Sie einfach bequeme Schuhe brauchen: Monti hat sie bestimmt – auch Birkenstocksandalen und Dr.-Scholl-Produkte. *Piazza Duomo 27r*

SALVATORE FERRAGAMO (122 B4) (*m F5*)
Der „König der Schuhmacher" verstarb bereits 1960, doch der Ruhm der Mar-

MEDICI-VILLEN

Einen Besuch der schönsten Medici-Villen im Vorort Sesto Fiorentino/Castello **(133 D–E2)** sollten Sie nicht verpassen. Mit den Buslinien 2 und 28 sind sie bestens vom Hauptbahnhof Santa Maria Novella in ca. 30 Minuten erreichbar. Die *Villa La Petraia (Haltestelle Sestese 03)* gehört zu den eindrucksvollsten Medici-Residenzen, die ein schöner, von Tribolo gestalteter Park umgibt. Keine 100 m entfernt liegt die Villa *Corsini a Castello (Sa/So 9.30–13 Uhr | Eintritt frei)*, ein charakteristisches Beispiel des Florentiner Spätbarocks mit einer bemerkenswerten Sammlung antiker Skulpturen.

Der nächste Bushalt *(Sestese Leo France)* führt zur *Villa Reale di Castello*, deren mit Brunnen, Statuen und Grotten ausgestatteter und perfekt erhaltener Park im italienischen Stil zu besichtigen ist. *Villa La Petraia und Park Villa Reale di Castello: Okt.–März 8.15–16.30/17.30, April, Mai, Sept. bis 18.30, Juni, Aug. bis 19.30 Uhr, 2. und 3. Mo im Monat geschl. | Eintritt frei*

Nichts für jeden Anlass und nichts für jeden Geldbeutel – Schuhe von Ferragamo

ke ist geblieben. Hier finden Sie Damenschuhe, Kleider, Accessoires und ein Schuhmuseum. *Via Tornabuoni 16r | www.salvatoreferragamo.it*

STOFFE

ANTICO SETIFICIO FIORENTINO ★ ●
(128 C2) (*ᗰ D5*)

Alessandro Pucci hat im Viertel San Frediano eine Seidenweberei aus dem 18. Jh. wieder zum Leben erweckt und webt und verkauft hier herrliche Stoffe nach antiken Mustern. Nicht unbedingt billig, aber bestimmt das Höchste an Exklusivität! *Via Bartolini 4 | www.anticosetificiofiorentino.com*

CASA DEI TESSUTI (122 C3) (*ᗰ F5*)

Die größte Auswahl an Haute-Couture-Textilien in Florenz. Die Modelle werden auf Wunsch per Beamer vorgeführt und anschließend für Sie genäht. Rund 2000 Stoffe sind ständig im Lager vorrätig. *Via dei Pecori 20–24r | www.casadeitessuti.com*

WÄSCHE

FERRINI (122 C4) (*ᗰ F5*)

Hier finden Sie edle Bett- und Tischwäsche, Nachthemden und vieles mehr. *Via Calimala 5r | www.ferrinifirenze.it*

LORETTA CAPONI ★ (122 B3) (*ᗰ F5*)

Mit neun Jahren begann Loretta zu sticken. Heute befinden sich ihre Werkstätten und Kollektionen in einem 650 m² großen Renaissancepalast, wo sie noch immer das vornehme Florenz und die Königshäuser Europas persönlich berät. *Piazza Antinori 4r | www.lorettacaponi.com*

WEIN

Folgende Geschäfte haben eine große Auswahl guter toskanischer Weine: *Enoteca Alessi* (122 C3) (*ᗰ F5*) (*Via delle Oche 27r | www.enotecaalessi.com*) *Enoteca Bonatti* (130 C2) (*ᗰ J5*) (*Via Gioberti 68r | www.enotecabonatti.it*) *Enrico Verità* (129 D3) (*ᗰ E6*) (*Via de' Calzaiuoli 122r*)

AM ABEND

WOHIN ZUERST?

Ein echtes Nachtschwärmerviertel sucht man in Florenz vergebens. In den kleinen Gassen um **Santa Croce (123 E–F5)** *(W G5)* haben sich jedoch einige Bars und Clubs angesiedelt. Dort trifft man sich gegen 19 Uhr zur Happy Hour, trinkt einen Aperitif und kann an üppigen Buffets seinen Hunger stillen, meist zu Festpreisen. Später in der Nacht wird in den Clubs und Diskos abgetanzt. Die besten Spots liegen allerdings am Stadtrand und sind meist nur mit Auto oder Taxi erreichbar. Elektrobus C3, Bus 23, Parkmöglichkeit Piazza Ghiberti.

Wenn Sie es nicht bei einem Bummel durch die Straßen und Gassen der nächtlichen Innenstadt belassen möchten, was an sich bereits ein faszinierendes Erlebnis ist, bietet Florenz viele Möglichkeiten für einen abwechslungsreichen Abend – auch wenn es kein echtes Amüsierviertel gibt.

Viele trendige Bars und Jazzlokale liegen im Zentrum, die meisten Diskos aber sind am Stadtrand zu finden. Die Florentiner Theaterlandschaft ist besonders lebendig. Die rund 200 Aufführungen im Jahr sind häufig Gastspiele und bieten einen repräsentativen Querschnitt der Theaterproduktion aller italienischen Bühnen. Kartenvorverkauf: *Box Office (Via delle Vecchie Carceri 1 | Tel. 05 52 10 80 | www.boxol.it)*

Ob Bar, Disko, Open-Air-Konzert oder Hochkultur in Theater und Oper – langweilig sind die Florentiner Nächte nie

BARS & SZENELOKALE

THE CHEQUERS PUB (122 A3) (*E4*)
Old England in Florenz. Ströme von Ale fließen, und es ist immer voll. Typisches Pub-Food mit Fish & Chips, Hot Dogs und Sandwiches. *Tgl. 18–1.30, Happy Hour 18.30–20 Uhr | Via della Scala 7*

DOLCE VITA ⭐ (129 D2) (*E5*)
Sehen und gesehen werden: Spitzencocktails werden ab 17 Uhr zur Happy Hour gemixt, dann geht's gerappelt voll weiter bis 2 Uhr. Diskobar mit kleinen Ausstellungen und Minikonzerten. Im Sommer auch draußen. *Di–So | Piazza del Carmine 6r | www.dolcevitaflorence.com*

HEMINGWAY (129 D3) (*E5*)
Ein absolutes Muss für Schokoladenfreaks! Aber auch gutes, hausgemachtes Eis, Kuchen (wie man sie in Florenz nur selten bekommt!), viele Tee- und Kaffeesorten, Crêpes etc. *Mo–Do 16.30–1, Fr/Sa bis 2, So 15.30–1 Uhr | Piazza Piattellina 9r | www.hemingway.fi.it*

Aperitif bis Absacker: Zoe

JAZZ CLUB (123 F3) (*G4*)

Ab 21 Uhr strömen die Fans in ihren Jazzclub, dienstags und donnerstags auch zur Jamsession. Von Juni bis September zieht das Lokal in den Park der *Villa Fabbricotti* (126 A3) (*F1*) (*Di–Sa | Via Vittorio Emanuele*). *Ab 21 Uhr | Via Nuova de' Caccini 3/Ecke Borgo Pinti | Eintritt ca. 8 Euro | www.jazzclubfirenze.com*

KITSCH 1 ★ (130 C2) (*G4*)

Nehmen Sie in diesem schrägen Ambiente zusammen mit vielen jungen Italienern (und einigen ausländischen Studenten) den vielleicht opulentesten *aperitivo*

(bis 22 Uhr) der Stadt ein! *Tgl. 18.30–3 Uhr | Viale Gramsci 1–5/Ecke Piazza Beccaia | www.kitsch-bar.com*

MOYO ★ (123 E5) (*G5*)

Von 8 bis 3 Uhr wird in diesem Kultlokal zum Frühstück gechattet, zum Light Lunch diskutiert und nach dem Aperitif bis tief in dei Nacht geflirtet. *Tgl. 8–3 Uhr | Via dei Benci 23r | www.moyo.it*

NEGRONI (130 A4) (*G6*)

Hier trifft sich die Florentiner Movida: Im Sommer tummeln sich die Leute vor der Bar, im Winter quetscht man sich nach drinnen, um einen guten Longdrink zu ordern. *Mo–Fr 20–2 Uhr, Sa/So ab 19 Uhr | Via dei Renai 17r | www.negronibar.com*

PORFIRIO RUBIROSA (125 E4) (*F3*)

Gestylte American Bar, zur Happy Hour bereitet der Japaner Sato ausgezeichnetes Sushi zu. *Mo–Sa 19–2 Uhr | Viale Filippo Strozzi 18/20 | www.porfiriorubirosa.it*

REX CAFFÈ (123 F3) (*G5*)

American Bar im Überseedampfer mitten in der Stadt: gute Kombination aus bunten Cocktails, frischen Häppchen und nach 22 Uhr Livemusik. *Mitte Mai–Mitte Sept. tgl. 17–2.30 Uhr | Via Fiesolana 23r*

INSIDER TIPP IL RIFRULLO
(130 A4) (*G6*)

Innen kuschlig mit Kamin, draußen romantisch auf der Dachterrasse: Hier kann man es sich gut gehen lassen – vom ersten Cappuccino am Morgen bis zur späten Stunde mit einem guten Glas Wein oder fruchtigen Cocktail. *Tgl. 7–1 Uhr | Via San Niccolò 55r | www.ilrifrullo.com*

RIVALTA CAFÈ (122 B4) (*F5*)

Direkt am Arno mit Blick auf den Ponte Vecchio: perfektes Szenelokal für einen guten Light-Lunch und ausgezeichnete Cocktails zur Happy Hour 19.30–22.30 Uhr, Brunch jeden Sonntag 12–15 Uhr. Freitags *Aperitivo Gay Friendly* und am Wochenende DJ-Set. *Tgl. 12–1 Uhr | Lungarno Corsini 14r | www.rivaltacafe.it*

TABASCO ⭐ (122 C4) (*m F5*)
Cocktailbar nur für Männer bei der Piazza della Signoria, die bis 4 Uhr morgens wichtigste Anlaufstelle für homosexuelle Nachtschwärmer in der Stadt ist. Do–Sa auch Disko bis 6 Uhr früh. *Piazza di Santa Cecilia 3 | www.tabascogay.eu*

VOLUME (122 A6) (*m E6*)
Die Tischlerei des alten Bini wurde zur Kultbar. Im 1970er-Jahre-Ambiente kann man lesen, vorzügliche Crêpes essen, Livemusik genießen oder einfach etwas trinken. *Tgl. 9.30–1 Uhr | Piazza Santo Spirito 5r | www.volume.fi.it*

THE WILLIAM PUB (123 E5) (*m G6*)
Jeden Tag ab 18 Uhr fließt hier der Gerstensaft: Irish, Scottish, English – die vielfältigste Auswahl an Biersorten in ganz Florenz. *Via Magliabechi 9r | www.thewilliam.it*

ZOE (130 A4) (*m G6*)
Beliebter Treff für die junge arbeitende Bevölkerung des Viertels San Niccolò, um mittags schnell etwas zu essen, aber auch für Upper-Class-Studenten, die sich abends zum Aperitif treffen. *Tgl. 8–2 Uhr | Via dei Renai 13r | www.zoebar.it*

DISKOTHEKEN

Die Öffnungszeiten können der Jahreszeit entsprechend schwanken. Zur Sicherheit eventuell vorher anrufen! Der Eintrittspreis beträgt meist um die 25 Euro.

DOLCE ZUCCHERO (123 E4) (*m G5*)
Sehr beliebter Disko-Pub, vor allem bei jungen Touristen und Studenten des europäischen Erasmus-Programms. Eigener Raum für Livemusik. *Australian Beach Bar* auch mit seperatem Eingang. *Di–So 22.30–4 Uhr | Via Pandolfini 36r*

⭐ **Dolce Vita**
Die Cocktails sind nicht nur während der Happy Hour beliebt → **S. 81**

⭐ **Kitsch 1**
Starke Aperitifs in einem schrägen Ambiente → **S. 82**

⭐ **Tabasco**
Wo Männer unter sich sind → **S. 83**

⭐ **Moyo**
Hier chillen die jungen Leute → **S. 82**

⭐ **Otel**
Beliebtes Ziel der Florentiner Diskofans → **S. 84**

⭐ **Tenax**
Im Tenax legen internationale Top-DJs Musik von Minimal über Techno bis House auf → **S. 84**

⭐ **Yab**
Die In-Disko im Zentrum ist gleichzeitig ein guter Ort für ein Abendessen → **S. 84**

⭐ **Teatro del Maggio Musicale Fiorentino**
Haupthaus für die Konzert-, Opern- und Ballettaufführungen des Maggio Musicale, des wichtigsten Events der Hochkultur in der Stadt → **S. 85**

⭐ **Teatro della Pergola**
Spitzenensembles sorgen im historischen Ambiente des Hauses für unvergessliche Musik- und Theatererlebnisse → **S. 85**

MARCO POLO HIGHLIGHTS

FULL UP (124 D4) (🕮 *G5*)
Seit den 1970er-Jahren ein Must des Florentiner Nightlife. Einer der wenigen Clubs mit Raucherzone. *Fr/Sa ab 22 Uhr | Via della Vigna Vecchia 25r*

OTEL ⭐ (133 E3) (🕮 *0*)
Bevor Sie das Tanzbein schwingen, können Sie hier ab 19.30 Uhr zu Shows und Kabarett Abend essen oder sich direkt zu gutem DJ-Set ab 23.30 Uhr auf die Tanzfläche schwingen. *Mitte Sept.–Mitte Mai*

Fr–So | Via Generale Carlo Alberto dalla Chieda 9 | www.otelvariete.com

SPACE (125 D6) (🕮 *E4*)
Im Herzen der Stadt tanzen hier hauptsächlich junge Florentiner zu House, Hip-Hop und Happy Music/Revival. *Tgl. ab 22 Uhr | Via Palazzuolo 37 | www.spaceclubfirenze.com*

TENAX ⭐ (133 D2)
In ganz Italien bekannte Disko. Internationale DJs und täglich wechselndes Programm. *Okt.–Mai Fr/Sa ab 22 Uhr | Via Pratese 46 | www.tenax.org*

UNIVERSALE (U A4) (🕮 *D5*)
Club mit guter Cocktailkarte in einem ehemaligen Kino. Je nach Abend und Uhrzeit Eintritt 10–18 Euro. *Do–So 20–3 Uhr | Via Pisana 77r*

YAB ⭐ (122 C4) (🕮 *F5*)
Die In-Diskothek mitten in Florenz. Hier gibt's Aperitif, Abendessen und Livemusik in einem. *Mi–Sa und Mo ab 21.30 Uhr | Via dei Sassetti 5r | Tel. 055215160 | www.yab.it*

LOW BUDGET

▶ Zur Happy Hour gegen 19 Uhr kann man in vielen Bars den *aperitivo* genießen und beinahe „gratis" dazu eine Kleinigkeit essen: Häppchen, Nudelsalate, Reisgerichte, Salate und vieles mehr gibt es am Buffet. Besonders gute, reichhaltige „Banketts" gibt es im *Kitsch Devx* **(126 A5)** (🕮 *G3*) *(tgl. 18–3 Uhr | Via San Gallo 22)*, im *Plaz* **(123 F4)** (🕮 *H5*) *(tgl. Aperitif von 18.30–22 Uhr | Via Pietrapiana 26r)* an der schönen Piazza de'Ciompi, das vom Frühstück bis zum Absacker eine gute Adresse ist, und direkt am Arno im Szenelokal *Noir* **(122 B4)** (🕮 *F5*) *(tgl. 12–3 Uhr | Lungarno Corsini 12r | www.noirfirenze.com).*

▶ Leider unüblich für die Diskos in Florenz: Im beliebten *Twice Club* **(123 E5)** (🕮 *G5*) *(tgl. ab 19 Uhr | Via Verdi 57r | www.twiceclub.com)* muss man keinen Eintritt zahlen. Stimmung und Musik sind bestens!

▶ Mittwoch ist Kinotag, dann kostet der Eintritt nur 5 Euro.

KONZERTE

AUDITORIUM FLOG (133 E3)
Viele Livekonzerte, meist Pop und Rock, aber auch Reggae, Hip-Hop und Blues. Do, Fr und Sa Partys mit guten DJs. Faire Eintrittspreise: 5–20 Euro. Im Sommer Open-Air-Kino. *Okt.–Mai | Via Michele Mercati 24b | Tel. 055477978 | www.flog.it*

OBIHALL (U E5) (🕮 *M6*)
Das Florentiner Pedant des Tempodrom in Berlin mit einem immer aktuellen Konzert- und Showprogramm. *Lungarno Aldo Moro 3 | Tel. 05565041 12 | www.obihall.it*

PALASPORT (127 E5) (📖 K4)

Größte Veranstaltungshalle der Stadt: Sportveranstaltungen sowie Shows nationaler und internationaler Musikstars. *Viale Pasquale Paoli 3 | Tel. 0 55 67 88 41 | www.mandelaforum.it*

TEATRO DEL MAGGIO MUSICALE FIORENTINO ⭐ (124 C6) (📖 D4)

Bis jetzt das Opern- und Konzerthaus für die Aufführungen des ältesten und renommiertesten Musikfestivals von Italien. *Corso Italia 16 | Tel. 05 52 77 93 50 | www.maggiofiorentino.com*

TEATRO DELLA PERGOLA ⭐ (123 E3) (📖 G4)

Historisches Logentheater von 1755 für Kammerkonzerte und Theater. *Via della Pergola 18 | Tel. 0 55 2 26 43 53 | www. teatrodellapergola.com*

TEATRO VERDI (123 E4) (📖 G5)

Großes, altes Logentheater, in dem die Konzerte des *Orchestra Regionale della Toscana* stattfinden. *Via Ghibellina 99 | Tel. 0 55 212 3 20 | www. teatroverdifirenze.it, www.orchestradella toscana.it*

Ballett, Theater, Oper, Pop & Jazz – Programmvielfalt im historischen Teatro Verdi

Die neue Heimat des *Maggio Musicale Fiorentino* wird in naher Zukunft jedoch nur noch der avantgardistische Bau *Nuovo Teatro dell'Opera di Firenze* (124 C5) (📖 D4) *(Viale Fratelli Rosselli 11)* sein, der noch vollendet werden muss. Auf dem Dach des neuen Kulturkomplexes wird zudem ein Open-Air-Auditorium errichtet, das einen beeindruckenden Blick auf die Stadt ermöglicht.

THEATER

Florenz ist die Stadt Italiens, in der am meisten für Theaterbesuche ausgegeben wird. Neben den traditionellen Theatern haben sich zahlreiche kleinere Bühnen formiert, die vom Kammertheater über Experimentelles bis zu Performances alles bieten. Im Sommer wird häufig in Gärten und Höfen der Paläste und

Klöster gespielt. Beeindruckend sind die Aufführungen der *Estate Fiesolana (s. S. 105)*, die meist im *Teatro Romano*, im imposanten römischen Theater in Fiesole stattfinden.

Das aktuelle Programm finden Sie in den Tageszeitungen „La Nazione" *(www.lanazione.it)* und „La Repubblica" *(www.repubblica.it)*.

EX-STAZIONE LEOPOLDA
(124 C5) (*ω D3–4*)
Seit Mitte der 1990er-Jahre finden in den riesigen Räumen des ehemaligen Bahnhofs Ausstellungen, Happenings und Performances sowie jedes Jahr im Mai das internationale Theaterfestival statt. *Viale Fratelli Rosselli 5 | www.stazioneleopolda.com*

INSIDER TIPP ODEON CINEHALL
(122 B4) (*ω F5*)
Ein Kinovergnügen, nicht nur wenn Sie die italienische Sprache beherrschen, denn immer Mo, Di und Mi werden hier Filme in Originalsprache gezeigt. Dabei können Sie sich nicht nur den Film genießen, sondern auch den wunderschönen Filmpalast mit seiner märchenhaften Innenausstattung aus den 1920er-Jahren. Ein Kinoerlebnis, wie man es heutzutage fast nirgendwo mehr erleben kann. *Piazza Strozzi 2 | Tel. 0 55 29 50 51 | www.cinehall.it*

INSIDER TIPP TEATRO DEL SALE
(130 B2) (*ω H5*)
Theater und gleichzeitig Restaurant und Delikatessenladen: Nachdem Sie am

BÜCHER & FILME

▶ **Das Wunder von Florenz** – Architektur und Intrige: Wie die Florentiner Kuppel entstand, von Ross King (2001)

▶ **Tod einer Queen/Tod einer Verrückten** – Beide Krimis von Magdalena Nabb haben viel Lokalkolorit und geben einen Einblick in die abgewandte Seite der Stadt (1990 bzw. 1989)

▶ **Machiavelli und Florenz** – Eine Welt in Briefen mit vielen Abbildungen von Friederike Hausmann (2001)

▶ **Zimmer mit Aussicht** – James Ivorys Verfilmung der um die Jahrhundertwende spielenden Liebesgeschichte wurde mit drei Oscars ausgezeichnet – gedreht an mehreren Schauplätzen in Florenz wie der Piazza della Signoria und der Fattoria di Maiano (1986)

▶ **Tee mit Mussolini** – Seinen autobiografischen Film über das Schicksal englischer „Florentiner" bei Kriegsende drehte Franco Zeffirelli in der Innenstadt, über den Hügeln von Florenz und in San Gimignano (1999)

▶ **Bildnis einer Dame** – Nicole Kidman und John Malkovich sind die Hauptdarsteller in der Verfilmung von Henry James' gleichnamigem Roman durch Jane Campion (1996)

▶ **Amore Amore** – Typische Florentiner Mentalität zeigt der Film von Leonardo Pieraccioni (1996)

▶ **Hannibal** – Dass Hannibal Lecter gerade in Florenz wieder auftaucht, trug nicht wenig zum großen Erfolg von Ridley Scotts Thriller bei (2001)

Das Teatro del Sale kombiniert Koch- und Schauspielkunst

Eingang für 5 Euro einen Mitgliedsausweis erhalten haben, können Sie in diesem angenehmen Ambiente in ledernen Clubsesseln zwischen alten Bücherregalen oder aber vor der offenen Küche brunchen, Mittag essen und abends vom famosen König der Florentiner Küche, Fabio Picchi, persönlich das Essen serviert bekommen (es empfiehlt sich, ab 19 Uhr da zu sein!). Manchmal sitzt man mit anderen Leuten zusammengewürfelt an großen Tischen, und manchmal reicht der Platz an den winzigen Bänkchen nicht aus, um sein Glas abzustellen. Kurz vor 21 Uhr werden die Tische zusammengestellt und die Vorstellung beginnt. Im Internet können Sie sich vorher über das Tagesprogramm informieren. Aber auch ohne Show bleibt Ihnen dieser Abend garantiert in Erinnerung. *Brunch 7 Euro, Lunch 20 Euro, Dinner 30 Euro | Di–Sa 9–11, 12.30–14.30 und 19.30– 21 Uhr, Show ab 21 Uhr, Aug. geschl. | Via dei Macci 111r | Tel. 05 52 00 14 92 | www. edizioniteatrodelsalecibreofirenze.it*

TEATRO DELLA LIMONAIA (133 E2)
Seit 1987 wird im Vorort Sesto Fiorentino in der eleganten Orangerie der Villa Corsi Salviati avantgardistisches Theater gespielt. *Via Gramsci 426 | Tel. 0 55 44 08 52 | www.teatro dellalimonaia.it*

TEATRO PUCCINI (133 D3) (🗺 B2)
Bei den Florentinern beliebte Spielstätte mit buntem Programm vom satirischen Kabarett bis zum Musical. *Via delle Cascine 41/Piazza Puccini | Tel. 0 55 36 20 67 | www.teatropuccini.it*

TEATRO DI RIFREDI (133 E3)
Musicals und Experimentiertheater, aufgeführt im Vorort Rifredi. *Via Vittorio Emmanuele II 303 | Tel. 05 54 22 03 61 | www.toscanateatro.it*

ÜBERNACHTEN

In Florenz ist frühzeitiges Buchen angesagt! Beachten Sie dabei die Jahreszeiten: Im Hochsommer ist für einen längeren Aufenthalt wahrscheinlich ein Hotel im Grünen oberhalb der Stadt vorzuziehen. Wohnen Sie allerdings im Zentrum, können Sie sich während der heißen Mittagsstunden kurz zurückziehen und erleben die Stadt und ihre Bewohner unmittelbar.

Wollen Sie mit der ganzen Familie nach Florenz fahren, so erkundigen Sie sich bei *Italy Family Hotels (Tel. 05 41 39 48 51 | www.italyfamilyhotels.com)*. *Waytostay (www.waytostay.com)* hingegen offeriert Ferienwohnungen. Über Unterkünfte mit gutem Preis-Leistungs-Verhältnis informiert Sie *Florence Promhotels (Tel. 0 55 55 39 41 | www.promhotels.*

it). Kostenlose Hotelreservierungen bietet der *Consorzio Informazioni Turistiche Alberghiere (www.firenzealbergo.it)* an. Die Broschüre *Guida all'ospitalità* mit allen Unterkünften in Florenz und Umgebung gibt es kostenlos bei der Touristeninformation *(www.firenzeturismo.it)*.

Seit 2011 hat die Stadt Florenz eine Kurtaxe eingeführt. Die Steuer gilt nur für Übernachtungen und für maximal sieben aufeinanderfolgende Nächte (1–5 Euro pro Nacht, je nach Hotelklasse). Kinder bis 12 Jahre sind ausgenommen.

HOTELS €€€

BRUNELLESCHI (123 D4) (*F5*)
Übernachten in einem der ältesten Gebäude der Stadt mit einem Turm aus by-

Bevorzugen Sie als Unterkunft einen historischen Stadtpalast, ein Designerhotel, ein B & B oder eine Familienvilla im Grünen?

zantinischer Zeit. Modern und komfortabel eingerichtet, gutes Restaurant und im Herzen der Stadt. *96 Zi. | Piazza Santa Elisabetta 3 | Tel. 05 52 73 70 | www. hotelbrunelleschi.it*

EXECUTIVE (125 D6) (📖 D4)
Das edle Hotel liegt zentral ganz in der Nähe des Arno. Einige Zimmer sind sogar mit einer privaten Sauna ausgestattet. Mit Parkmöglichkeit (gebührenpflichtig). *48 Zi. | Via Curtatone 5 | Tel. 0 55 21 74 51 | www.hotelexecutive.it*

GALLERY HOTEL ART ⭐
(122 C5) (📖 F5)
Designhotel beim Ponte Vecchio. In Lobby, Bar und Bibliothek finden ab und an Ausstellungen mit moderner Kunst statt. Auf der schattigen Piazzetta erhalten Sie köstliche Kleinigkeiten in der *Fusion Bar (Shozan-Gallery).* Japanisch-internationale Küche *(Aug. geschl.). 74 Zi.* **INSIDER TIPP** *(Nr. 701, 707 und 708 mit Dachterrasse!) | Vicolo dell'Oro 3–5 | Tel. 0 55 27 26 40 00 | www. galleryhotelart.com*

HOTELS €€€

Torre di Bellosguardo – hier lässt sich der Blick auf Florenz gelassen am Pool genießen

GRAND HOTEL MINERVA
(122 A2–3) (*E4*)
Zentral, nach hinten ruhig. Freundlicher Service und auf dem Dach ein schöner Swimmingpool, um den man (auch ohne Gast zu sein) **INSIDER TIPP** donnerstags zur *Minerva Giò* sitzen kann: Aperitif mit reichhaltigem Büffet und Livemusik für 15 Euro (*Mitte Mai–Anfang Aug. 19.30–22 Uhr)! 102 Zi. | Piazza Santa Maria Novella 16 | Tel. 05 52 72 30 | www. grandhotelminerva.com*

HH FLORENCE (130 B3) (*H6*)
Reinkultur, nicht nur für Hochzeitsreisen: Ob Tisch, Sessel, Boden oder Bett, im „Hotel home", strahlt alles weiß und wird nur von wenigen goldenen Details unterbrochen. Große Panoramaterrasse. *39 Zi. | Piazza Piave 3 | Tel. 0 55 24 36 68 | www.hhflorence.it*

JK PLACE (122 A3) (*E4*)
Ein sehr elegantes und intimes Hotel mit viel Charme und Stil an der schönen Piazza Santa Maria Novella. Blick über die Stadt von der ☼ Dachterrasse. *20 Zi. | Piazza Santa Maria Novella 7 | Tel. 05 52 64 51 81 | www.jkplace.com*

LUNGARNO ★ ☼ (122 B5) (*F5*)
Modern und komfortabel am südlichen Arnoufer. Vorzügliches Restaurant *(Aug. geschl.). 73 Zi. | Borgo Sant'Jacopo 14 | Tel. 0 55 27 26 40 00 | www.lungarnohotels.com*

INSIDER TIPP PALAZZO GUADAGNI
(122 A6) (*E6*)
Schlafen in einem Renaissancepalast aus dem 16. Jh.: wunderschöne Zimmer, Florentiner Ambiente und eine herrliche Aussicht vom ☼ Dachgarten. *15 Zi. | Piazza Santo Spirito 9 | Tel. 0 55 26 58 376 | www.palazzoguadagni.com*

TORNABUONI 1 (122 B4) (*F5*)
Komfortables Hotel mit herrlicher Panoramaterrasse. *22 Zi. | Via Tornabuoni 1 | Tel. 05 52 65 81 61 | www.tornabuoni1.com*

TORRE DI BELLOSGUARDO ★ ☼
(128 B4) (*C6*)
Ruhe und Gastlichkeit in schöner Renaissancevilla mit Blick von Süden auf die Stadt. Großer Park mit Pool. *16 Zi. | Via Roti Michelozzi 2 | Tel. 05 52 29 81 45 | www.torrebellosguardo.com*

VILLA CARLOTTA ⭐ (129 D5) (*m E7*)
Elegant-familiäre Atmosphäre in einer Villa des 19. Jhs. im Grünen hinter der Porta Romana. *33 Zi. | Via Michele di Lando 3 | Tel. 0 55 22 05 30 | www. hotelvillacarlotta.it*

HOTELS €€

ANNALENA ⭐ (129 D4) (*m E6*)
Romantisches Liebhaberdomizil in bester Lage bei den Boboli-Gärten. Die schönsten Zimmer gehen auf die offene Galerie mit Blick ins Grüne. *20 Zi. | Via Romana 34 | Tel. 0 55 22 24 02 | www. annalenahotel.com*

APE ROSA ⭐ (125 E1) (*m F1*)
Die Villa aus dem 19. Jh., die sechs liebevoll eingerichteten Zimmer sowie die wunderbar ruhige Lage machen aus diesem B & B einen idealen Ort, um sich vom Florentiner Chaos zu erholen. Eigener Parkplatz und italienischer Garten. *Via dei Cappuccini 12 | Tel. 0 55 47 51 78 | www.aperosa.it*

APRILE (125 D6) (*m E4*)
Zauberhaftes Hotel mit geschmackvoller Ausstattung und wunderschönem Garten im Palazzo del Borgo. *34 Zi. | Via della Scala 6 | Tel. 0 55 21 62 37 | www. hotelaprile.it*

ARTI & HOTEL (123 E2) (*m G4*)
Kleines Boutiquehotel mit schön eingerichteten Zimmern nahe der Piazza SS. Annunziata. *11 Zi. | Via dei Servi 38a | Tel. 05 52 67 85 53 | www.artiehotel.it*

BENCISTÀ ⭐ ☀ (U E2) (*m N2*)
Auf halbem Weg nach Fiesole am Hang in Olivenhainen gelegenes, stilvolles Familienhotel. Freundliche Atmosphäre und ein Traumblick auf die Stadt. 6 km zum Zentrum. *40 Zi. | März–Nov. | Via Benedetto da Maiano 4 | Fiesole | Tel. 05 59 91 63 | www.bencista.com*

CELLAI (125 F5) (*m F3*)
Geschmackvoll mit antiken Möbeln ausgestattete Zimmer und Liebe zum Detail. Schöne Dachterrasse und gemütliches

---

⭐ **Gallery Hotel Art**
Feines Hotel in bester Lage, das manchmal auch zur Galerie wird
→ S. 89

⭐ **Lungarno**
Modern-gepflegt direkt am Ponte Vecchio
→ S. 90

⭐ **Torre di Bellosguardo**
Renaissancevilla mit Pool, Park und Panoramablick auf die Stadt
→ S. 90

⭐ **Villa Carlotta**
Landhaus-Charme in Zentrumsnähe
→ S. 91

⭐ **Annalena**
Liebhaberdomizil beim Boboli → S. 91

⭐ **Ape Rosa**
Angenehme Villa in ruhiger Lage → S. 91

⭐ **Bencistà**
Familiäres Flair am Hügel von Fiesole
→ S. 91

⭐ **Loggiato dei Serviti**
Viel Ambiente in den Räumen eines ehemaligen Klosters
→ S. 92

⭐ **Morandi alla Crocetta**
Stilvoll, charmant – und dabei sogar bezahlbar
→ S. 92

⭐ **Fattoria di Maiano**
Urlaub zwischen Kunst und Oliven → S. 94

MARCO POLO HIGHLIGHTS

Kaminzimmer. *55 Zi. | Via XVII Aprile 14 | Tel. 0 55 48 92 91 | www.hotelcellai.it*

INSIDER TIPP **HOTEL ROYAL**
(125 F4) *(ɰ F3)*

Gelegen in einer Villa des 19. Jhs. mit großem Garten und Pool. Ruhig und doch in Bahnhofsnähe. *39 Zi. | Via delle Ruote 50–54 | Tel. 0 55 48 32 87 | www. hotelroyalfirenze.it*

LOGGIATO DEI SERVITI ⭐
(123 E1) *(ɰ G4)*

Ein charmantes Hotel mit viel Atmosphäre im ehemaligen Gästehaus der Serviten an einem der schönsten Plätze von Florenz. *38 Zi. | Piazza della Santissima Annunziata 3 | Tel. 0 55 28 95 92 | www. loggiatodeiservitihotel.it*

MORANDI ALLA CROCETTA ⭐
(123 F1) *(ɰ G4)*

Kleines, stilvolles, relativ ruhiges Hotel nahe SS. Anunziata in einem früheren Kloster. Gut geeignet für Familien. Mit Parkgarage (gebührenpflichtig). *10 Zi. | Via Laura 50 | Tel. 05 52 34 47 47 | www. hotelmorandi.it*

ORTO DEI MEDICI (125 F5) *(ɰ G3)*

Schönes Hotel im Zentrum mit hübschen Zimmern, wunderschönem Garten und Parkplatz. *42 Zi. | Via San Gallo 30 | Tel. 0 55 48 34 27 | www.ortodeimedici.it*

LUXUSHOTELS

Four Seasons Hotel
(126 B5) *(ɰ G–H 3–4)*

Hier ist alles vom Feinsten: die Lage, der Palast mit seinem 4,5 ha großen Park, das Restaurant *Il Palagio* und das ● exzellente Spa! *117 Zi. | Borgo Pinti 99 | Tel. 05 52 62 61 | www.fourseasons.com/ florence*

Helvetia & Bristol (122 B3) *(ɰ F5)*

Charmantes Stadthotel mit Old-England-Atmosphäre, schönen alten Möbeln und bezauberndem Wintergarten. Ab 330 Euro. *67 Zi. und App. | Via dei Pescioni 2 | Tel. 05 52 66 51 | www. royaldemeure.com*

Savoy (122 C3) *(ɰ F5)*

Ideal für Luxusshopper: ein edles, von Sir Rocco Forte übernommenes und renoviertes Grandhotel direkt im Stadtzentrum mit Aussicht auf die Piazza della Repubblica. Vorzüglicher Service und gutes Restaurant. Ab 330 Euro. *102 Zi. und Suiten | Piazza della Repubblica 7 | Tel. 05 52 73 51 | www.hotelsavoy.it*

Villa San Michele ❄ **(U E2)** *(ɰ 0)*

Das teils von Michelangelo entworfene frühere Kloster in einem großen Park unterhalb von Fiesole gilt als eines der luxuriösesten Hotels Italiens. Herrlicher Blick auf die Stadt vom Hotel wie auch vom Pool. In der Loggia können Sie vorzüglich essen oder nur einen Cocktail nehmen! *780–2500 Euro. 46 Zi. und Apartments | Mitte März–Mitte Nov. | Via Doccia 4 | Fiesole | Tel. 05 55 67 82 00 | www.villasanmichele.com*

The Westin Excelsior (129 D2) *(ɰ E5)*

Traditionshotel im eleganten Palast am Arno. ❄ Schöne Panoramadachterrasse. Ab 620 Euro. *171 Zi. und Suiten | Piazza Ognissanti 3 | Tel. 05 52 71 51 | www. starwoodhotels.com*

Hinter der Fassade von Michelangelo wartet Luxus pur: Villa San Michele nahe Fiesole

PALAZZO GALLETTI (123 E3) (*𝄞 G5*)

Im ersten Stock dieses Palasts aus dem 19. Jh. befindet sich das schöne B & B mit jeglichem Komfort. *11 Zi. | Via Sant'Egidio 12 | Tel. 05 53 90 57 50 | www. palazzogalletti.it*

INSIDER TIPP ▶ RESIDENCE LA MEDICEA 🌿 (122 C2) (*𝄞 F4*)

Individuell und sehr geschmackvoll eingerichtete Miniapartments (für 2–5 Personen) im Herzen der Stadt mit traumhaftem Blick auf die greifbar nahe Kuppel der Cappelle Medicee. Mindestaufenthalt 3 Nächte. *11 App. | Via dell'Ariento 3r | mobil 33 58 11 66 88 | www.residencelamedicea.com*

RIVA LOFTS (124 A6) (*𝄞 B4*)

Acht modern eingerichtete Studios (30–100 m²) mit Garten, Pool am südlichen Arnoufer. *Via Baccio Bandinelli 98 | Tel. 05 57 13 02 72 | www.rivalofts.com*

HOTELS €

ALESSANDRA 🌿 (122 B5) (*𝄞 F5*)

Hotel mit großen Zimmern, davon Nummer 21, 22 und 26 mit Arnoblick. *27 Zi. | Mitte Dez. und Mitte Aug. 2 Wochen geschl. | Borgo Santi Apostoli 17 | Tel. 0 55 28 34 38 | www.hotelalessandra. com*

CLASSIC (129 E5) (*𝄞 E7*)

Hotel in einer typischen Florentiner Villa des 19. Jhs. mit Garten. Nahe Porta Romana. Parkplatz. *20 Zi. | Aug. geschl. | Viale Machiavelli 25 | Tel. 0 55 22 93 51 | www.classichotel.it*

GIOIA (125 F5) (*𝄞 G3*)

Kleines Hotel direkt im Herzen der Stadt mit geschmackvoll eingerichteten Zimmern und Parkgarage (gebührenpflichtig). *28 Zi. | Via Cavour 25 | Tel. 0 55 28 28 04 | www.hotelgioia.it*

Passend: In der Fattoria di Maiano verfilmte James Ivory „Zimmer mit Aussicht"

POR SANTA MARIA (122 C4) (⌖ F5)
Gemütliche Zimmer mit Blick auf die belebte Stadt. *8 Zi. (nur eines mit Bad) | Via Calimaruzza 3 | Tel. 0 55 21 63 70 | www.hotelporsantamaria.com*

HOTEL LA SCALETTA (122 B6) (⌖ F6)
Im Sommer schön kühle Zimmer, Dachterrasse für romantische Dinner und freundlicher Service. *15 Zi. | Via Guicciardini 13 | Tel. 0 55 28 30 28 | www.lascaletta.com*

HOTEL VILLA BONELLI (U E1) (⌖ 0)
Charmante Bleibe in den Hügeln von Fiesole. *22 Zi. | April–Nov. | Via Poeti 3 | Fiesole | Tel. 05 55 95 13 | www.hotelvillabonelli.com*

AGRITURISMO & B & B

INSIDER TIPP ▶ **A TEATRO** (123 E4) (⌖ G5)
Bezauberndes B & B mit optimalem Preis-Leistungs-Verhältnis gleich neben dem Teatro Verdi. *6 Zi. | Via Verdi 12 | 4. Stock mit Aufzug | Tel. 05 52 63 82 42 | www.a-teatro.com*

B&B ALBERGHINO ❀
(125 D5) (⌖ E3)
Die Antiquitätenliebhaberin Letizia beherbergt ihre Gäste wie gute Freunde: Sie gibt Restauranttipps, hilft bei Ticketreservierungen und weiß immer, wo was los ist. *5 Zi. | Via Cittadella 6a | Tel. 05 53 31 42 | www.alberghino.it*

FATTORIA DI MAIANO ★ ❀
(U F2) (⌖ 0)
12 gemütliche Apartments auf dem Gelände eines Klosters aus dem 15. Jh., das schon mehrfach Filmkulisse war. Schwimmbad, Restaurant mit Gutsprodukten und kleine Farm. Nur wochenweise; für zwei Personen ca. 800 Euro. *Via Benedetto da Maiano 11 | Fiesole | Tel. 0 55 59 96 00 | www.fattoriadimaiano.com*

GUEST HOUSE CAPRI MOON
(122 A4) (*ωι E5*)

Gepflegtes, stilvoll eingerichtetes Ambiente in unmittelbarer Nähe zur exklusiven Shoppingmeile. *4 Zi. | Via della Vigna Nuova 17 | Tel. 05 52 39 64 15 | www.caprimoon.com*

PALAZZO RUSPOLI (122 C2) (*ωι F4*)

Charmantes, sehr gepflegtes B & B am Dom mit verschieden großen Zimmern. Freundlicher Service, gutes Frühstück. *20 Zi. | Via Martelli 5 | Tel. 05 52 67 05 63 | www.palazzo-ruspoli.it*

INSIDER TIPP ▶ RELAIS IL CESTELLO
(129 D2) (*ωι E5*)

B & B in schönen Zimmern an einer zum Fluss offenen Piazzetta auf der südlichen Arnoseite. *10 Zi. | Piazza di Cestello 9 | Tel. 05 52 80 63 2 | www.relaisilcestello.it*

RESIDENZA IL CARMINE (129 D3) (*ωι E6*)

Sechs hübsch eingerichtete Apartments (vier zum Innengarten mit Sitzecke) mit Bad und Kochnische für 2–4 Personen. Ideal auch für einen längeren Aufenthalt. Ruhig, aber im lebhaften Viertel Santo Spirito gelegen. Mindestaufenthalt drei Nächte. *Via d'Ardiglione 28 | Tel. 05 52 38 20 60 | www.residenzailcarmine.com*

LE TRE STANZE (123 E3) (*ωι G5*)

Gleich um die Ecke vom Dom befindet sich das nette B & B mit Garten, in dem Sie Beny Steiner freundlich willkommen heißt. *3 Zi. | Via dell'Oriuolo 43 | Tel. 05 52 12 87 56 | www.letrestanze.it*

CAMPING

CAMPING PANORAMICO FIESOLE ☆☆
(U F1) (*ωι 0*)

Ruhiger, kleiner Campingplatz mit Blick auf ganz Florenz und schönem Pool. *Mitte März–Okt. | Fiesole | Via Peramonda 1 | Tel. 0 55 59 90 69 | www.florencecamping.com*

CAMPING VILLAGE MICHELANGELO
(130 B4) (*ωι H6–7*)

Auf diesem idyllisch gelegenen Campingplatz direkt unterhalb des Piazzale Michelangelo kann man zwischen April und September auch Zelte mieten. Der Platz ist mit dem Bus 12 erreichbar. *Viale Michelangelo 80 | Tel. 05 56 811 9 77 | www.camping.it/toscana/michelangelo*

MIT KINDERN UNTERWEGS

Die Stadt Florenz hat in den letzten Jahren immer mehr an Kinder gedacht. Außerordentlich spannend sind im *Museo Zoologico „La Specola" (s. S. 54)* die Abteilung der anatomischen Modelle und die der Skelette. Oder interessieren die Mumien im *Museo Archeologico (s. S. 42)* mehr? Wer Kinder mit viel Energie mitbringt, der sollte in jedem Fall auf den Glockenturm oder auf die *Domkuppel (s. S. 30)* steigen!

MUSEO DEI RAGAZZI (123 D5) (*m F5*)

Für Kinder ab drei Jahren werden in der Stadt im Palazzo Vecchio, in S. Maria del Carmine und der Cappella Brancacci, im Museo Stibbert und im Museo Leonardiano di Vinci Führungen und Workshops organisiert. Äußerst abwechslungsreich ist das tägliche Angebot im Palazzo Vecchio. Dabei sind die Führungen auch für Erwachsene interessant und selbst dann, wenn Sie die angebotenen Sprachen (auch auf Englisch) nicht beherrschen. Es lohnt sich allein wegen der faszinierenden Ausblicke und der schönen Räumlichkeiten, die man sonst nicht zu sehen bekommt! Sensationell ist der *camminamento di ronda*: Wie einst die Wächter im 14. Jh. überblicken Sie bei diesem Rundgang aus 42 m Höhe die Piazza della Signoria. *Mo–Sa 9.30–17, So bis 12.30 Uhr | nur mit Vorbestellung Tel. 05 52 76 82 24 | Eintritt 6 Euro, ermäßigt 2 Euro | Informationen im Palazzo Vecchio | Piazza della Signoria 1 | www.museoragazzi.it*

INSIDER TIPP ▶ MUSEO STIBBERT
(125 F1–2) (*m F1*)

Stibbert fing gegen 1860 an, ein wahres Raritätenkabinett aufzubauen. 64 Räume seines Hauses sind angefüllt mit Möbeln, Skulpturen, Kostümen und Kuriositäten. Sein Kernstück bildet eine Sammlung von mehr als 10 000 Rüstungen und Waffen aus Europa, Asien und Afrika. In der einem Rittersaal nachempfundenen *Sala di Cavalcata* ist ein Zug von 14 Rittern und Pferden im vollen Harnisch des 16. Jhs. aufgebaut! Die Villa umgibt ein weitläufiger Park, in dem man auch gut picknicken kann. *Park: April–Okt. Fr–Mi 8–19, Nov.–März Fr–Mi 8–17 Uhr | Eintritt frei | Museum: ganzjährig Mo–Mi 10–14, Fr–So 10–18 Uhr | Eintritt 8 Euro, ermäßigt 6 Euro | Via Federico Stibbert 26 | www.museostibbert.it | Bus 4 ab Hauptbahnhof*

SPIELPLÄTZE

Leider gibt es in der Stadt nur wenige Spielplätze. Sehr einfach, aber

Wohin mit den Bambini – Tipps, wie auch Krabbelkinder, kleine Sportler und Forscher in Florenz Spaß haben können

„funktionell" sind die am Stadion (127 E4) (*K3*) (*Viale Manfredo Fanti 4*), im *Giardino dell'Orticultura* (126 A3) (*G2*) (*tgl. 8.30 bis Sonnenuntergang | Via Vittorio Emanuele 4*) mit dem größten und 2013 restaurierten Tepidarium Italiens und auf der Piazza d'Azeglio (126 B6) (*H4*).

SPORT UND BEWEGUNG

Milleunabici (*www.cooperativaulisse. org*) vermietet günstig Fahrräder (auch mit Kindersitzen!) an den Bahnhöfen und größeren Plätzen.

Im Sommer von überwiegend jungen Menschen besucht sind die beiden Freibäder *Costoli* (127 E6) (*K4*) (*Juni–Aug. Di–So 10–18, Mo 14–18 Uhr | Eintritt 7 Euro, 7–13 Uhr 5 Euro, unter 6 Jahren frei | Viale Paoli 9 | Tel. 05 56 23 60 27*) in der Nähe des Stadions und *Bellariva* (U E5) (*L6*) (*Juni–Aug. Mo–Fr 10–18, Sa/So 9.30–19 Uhr | Eintritt 7 Euro, 7–13 Jahre 5 Euro | Lungarno Aldo Moro 6 | Tel. 0 55 67 75 21*).

ORTO BOTANICO (GIARDINO DEI SEMPLICI) (126 A5) (*G3*)

Der 1545 von Cosimo de'Medici mitten im Zentrum angelegte, kleine botanische Garten (der drittälteste der Welt) gehört heute der Universität als Teil des *Museo di Storia Naturale* an. Spannend für Kinder ist die Kollektion der fleischfressenden Pflanzen, bemerkenswert auch die über 200 Jahre alte Eiche und die Eibe von 1720! *April–Mitte Okt. Do–Di 10–1! Mitte Okt.–März Sa–Mo 10–17 Uhr | Eintritt 6 Euro, ermäßigt 3 Euro | Via Pier Antonio Micheli 3 | www.msn.unifi.it*

INSIDER TIPP ▸ VILLA DEMIDOFF
(133 E2) (*O*)

Toben, picknicken und spazieren gehen kann man im großen Park um die Renaissancevilla von Bernardo Buontalenti. *Juni–Aug. Sa/So 10–19, Mai, Sept./ Okt. Sa/So 10–18 Uhr | Eintritt frei | Via Fiorentina, 282 | Pratolino-Vaglia | www. provincia.fi.it/pratolino.htm | Bus Nr. 25 von Piazza San Marco/Via La Pira*

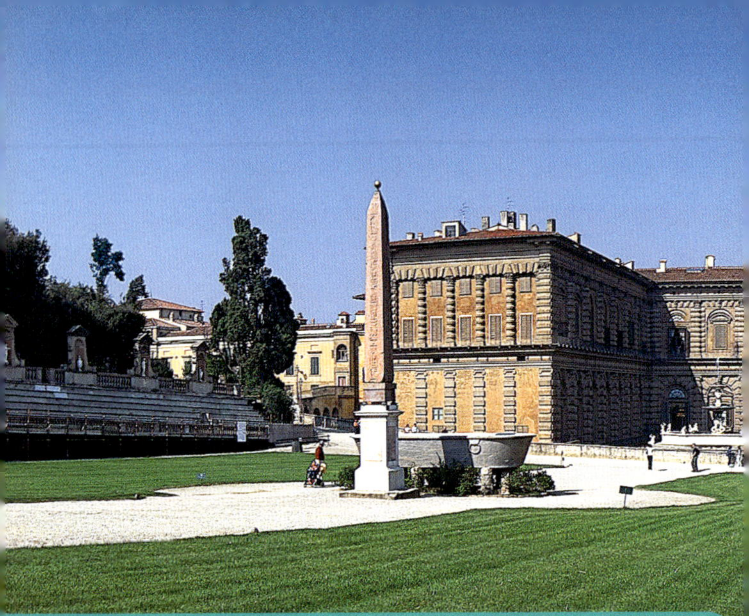

STADTSPAZIERGÄNGE

Die Touren sind im Cityatlas, in der Faltkarte und auf dem hinteren Umschlag grün markiert

1 VON SANTA MARIA NOVELLA ÜBER DIE SÜDLICHEN HÖHEN

Erleben Sie die Stadt auf die geruhsame Art mit dem Bus. Mit einem biglietto 24 ore für 5 Euro, das Sie in einem Tabakgeschäft oder am Kiosk erhalten und im Bus abstempeln, können Sie 24 Stunden kreuz und quer durch die Stadt fahren. Die reine Fahrzeit der Tour beträgt rund 60 Min., doch planen Sie mit Unterbrechungen gut einen halben Tag ein.

Die Buslinie 12 startet an der Piazza della Stazione nahe dem Haupteingang des Bahnhofs **Santa Maria Novella** → S. 48. Wenn Sie sich vor 9 Uhr auf diese Tour durch die grüne und romantische Seite von Florenz begeben, bekommen Sie sicherlich noch einen Sitzplatz am Fenster! Die Busse verkehren im 20-minütigen Rhythmus. Während der Bus den Fluss überquert, hat man einen herrlichen Blick arnoaufwärts. Nach einigen Kehren wird links die Stadtmauer sichtbar, die das alte Handwerkerviertel San Frediano umschließt.

Zehn Haltestellen nach der Brücke verlassen Sie den Bus an der Station „Pratolini“ und stehen nun auf der Piazza Tasso. Von hier aus können Sie an der alten Stadtmauer zu Fuß bis zur schönen **Porta Romana** entlanggehen. Mit etwas Vorplanung haben Sie die Möglichkeit, den größten privaten Garten innerhalb der Stadtmauern von Florenz, den **Giardino Torrigiani** *(mit Voranmeldung für Gruppen über*

Bild: Palazzo Pitti mit dem Giardino di Boboli

Ob zu Fuß oder mit dem Bus, über die südlichen oder die nördlichen Hänge – Florenz wartet darauf, entdeckt zu werden

15 Pers. | Eintritt 20 Euro/Pers. | Via dei Serragli 144 | Tel. 0 55 22 45 27 | www. giardinotorrigiani.it) zu besichtigen. Alternativ fahren Sie mit dem Bus direkt zur 1326 errichteten Porta Romana.

Wenn Sie wollen, können Sie von hier aus den baumgesäumten ❄ **Viale Nic-colò Machiavelli** hügelaufwärts spazieren. In rund 25 Minuten mit Ausblicken auf Villen, Gärten und zuletzt über die ganze Stadt kommen Sie zum **Piazzale Galilei**. Der Bus legt dieselbe Strecke in drei Minuten zurück und hält hier.

Jetzt bieten sich drei Möglichkeiten: Sie laufen 100 m weiter und machen sich links auf den knapp halbstündigen Weg durch die von Villen und Gärten gesäum-te **Via di S. Leonardo**, die am ❄ **Forte di Belvedere → S. 53** vorbeiführt. Nach einigen Metern können Sie rechts den traumhaften, 40 000 m² großen ● **Giar-dino Bardini** *(Costa San Giorgio 2 | Ein-gang auch in Via dei Bardi 1r | www. bardinipeyron.it)* besuchen, der nach 40 Jahren endlich restauriert und zur Besich-tigung mit den gleichen Öffnungszeiten wie der **Giardino di Boboli** → S. 54 freigegeben wurde. Wunderschön sind hier der Ausblick vom  **Rondò-Belvedere**, der Glyzinientunnel und die vielen Arten von Hortensien – das tollste Panorama bietet sich jedoch von der langen barocken Treppe. Entweder Sie nehmen jetzt den unteren Ausgang des Bardini-Gartens und laufen links die Via dei Bardi entlang bis zum Ponte Vecchio oder oben die steile Costa San Giorgio hinab zur Piazza S. Maria Sopr'Arno.

Eine zweite Wegalternative ist es, vom Restaurant **Châlet Fontana** *(Di–So | Viale Galileo Galilei 7 | www.chaletfontana. it | €€)* noch etwa 1 km weiter geradeaus die Höhenstraße entlangzugehen. Sie blicken dabei auf das **Forte di Belvedere**, die vom Arno durchflossene Stadt und die dahinter ansteigenden Höhen von San Domenico und Fiesole.

Rechterhand erhebt sich dann auf einer Höhe die Marmorfassade von **San Miniato al Monte** → S. 59. Nutzen Sie die Gelegenheit und werfen Sie einen Blick in diese schöne Kirche, ehe Sie die letzten Meter zum **Piazzale Michelangelo** → S. 58 zurücklegen.

Die dritte Variante beginnt ebenfalls am **Châlet Fontana**, wo Sie wieder die Buslinie 12 besteigen und bei der Fahrt die Aussicht genießen. Die Busse verweilen auf dem **Piazzale Michelangelo** fünf bis zehn Minuten (Endstation!); es reicht also auf jeden Fall für ein **INSIDER TIPP** Panoramafoto.

Wer bis jetzt nur mit dem Bus gefahren ist, sollte spätestens hier aussteigen und zur **Porta San Niccolò** den hübschen Viale Poggi hinunterlaufen. Falls Sie die Stadt im Mai besuchen, haben Sie Glück und sollten sich keinesfalls einen Besuch

Am schönsten ist der Blick über die Stadt vom Piazzale Michelangelo aus

im **Giardino dell'Iris** (www.irisfirenze.it) entgehen lassen, der nur in diesem Monat geöffnet wird. Hier findet jährlich ein internationaler Wettbewerb statt, der der Florentiner Lilie, dem Wappensymbol von Florenz, huldigt. 1500 Schwertlilien stehen dann in voller Blüte.

Wenn Sie allerdings bis zum Piazzale Michelangelo schon einiges zu Fuß bewältigt haben, dann können Sie sich jetzt im Bus Nr. 12 entspannen und den wunderschönen **Viale Michelangelo** hinabfahren. Steigen Sie an der fünften Haltestelle aus (Ferrucci 04) und gehen Sie entlang des Arno Richtung Ponte Vecchio. Nach der nächsten Brücke steht links die kleine **Chiesa Evangelica Luterana** (Gottesdienst So 10 Uhr), Ende des 19. Jhs. für die evangelische Gemeinde erbaut. Zu ihrer Einweihung war sogar Kaiser Wilhelm II. anwesend. Wenige Meter weiter an der **Piazza Santa Maria sopr'Arno** liegt direkt am Fluss die **Golden View Open Bar** (Via dei Bardi 58 | Tel. 0 55 21 45 02 | www.goldenviewopenbar.com), in der Sie den Tag ausklingen lassen können. Wenn Sie aber müde sind, springen Sie an der Piazza Ferrucci einfach in den kleinen Elektrobus D, der Sie zurück zum Ponte Vecchio bringt.

② MIT DEM BUS NACH SAN DOMENICO UND FIESOLE

Nach ⭐ **Fiesole** kommen Sie gut per Bus. Auch für diesen Ausflug kaufen Sie sich am besten für 5 Euro ein biglietto 24 ore in einer Bar oder am Kiosk. So können Sie zwischendurch überall aussteigen. Die Buslinie 7 startet an der Piazza San Marco/Via La Pira, wenn Sie hier zusteigen, ist Ihnen ein Sitzplatz fast sicher. Die reine Fahrzeit nach Fiesole beträgt knapp 30 Min. Für Besichtigungen sollten Sie 1–3 Stunden einplanen.

Nach kurzer Fahrt durch die bürgerliche Vorstadt beginnt die von Villen, Gärten und Olivenhainen gesäumte Straße anzusteigen. Auf halber Höhe erreicht man den Ort **San Domenico**, eine Ansammlung von Häusern um die **Klosterkirche San Domenico** aus dem Anfang des 15. Jhs. (im 17. Jh. verändert). Steigen Sie kurz aus. Gegenüber der Kirche führt die Via di Badia, eine schmale, steile Straße, hinab ins Tal des Mugnone. Nach wenigen Metern liegt links die **Badia Fiesolana**, eine beeindruckende romanische Kirche, die bis 1026 der Dom von Fiesole war. Heute ist hier die **Europa-Universität** (www.iue.it) untergebracht.

Die 🔅 Panoramastraße steigt weiter an, und der Blick reicht über die Stadt bis zu den Hügeln des Chianti im Süden und zum Höhenzug des **Pratomagno** im Osten, auf dessen Kuppen im Frühjahr manchmal noch Schnee liegt. Nach der engen Haarnadelkurve zeigt sich rechts oben am Hang die Loggia des Hotels 🔅 **Villa San Michele** → S. 92. Am Entwurf dieses einstigen Klosters war Michelangelo beteiligt. Die Lage ist unbezahlbar, das Hotel leider auch. Nach der letzten Kurve kommt der Bus auf der Piazza von **Fiesole** zum Stehen.

Unübersehbar ist der mächtige, 1028–56 erbaute **Duomo San Romolo** (tgl. 7.30–12 und 15–18, im Winter bis 17 Uhr) und das stattliche **Priesterseminar** im Nordwesten des Platzes. Der **Palazzo Vescovile** (erzbischöflicher Palast) mit seiner schönen Freitreppe und den hier so ungewöhnlichen Palmen scheint geradezu in die Ecke gedrückt. Zwischen Priesterseminar und erzbischöflichem Palast führt eine steile Straße hinauf zum Kloster ● 🔅 **San Francesco** (Mo–Sa 9–12 und 15–19, im Winter bis 18, So 9–11 und 15–18 Uhr) von 1330. An diesem **INSIDER TIPP** mit 345 m höchsten Punkt der Gegend erhob sich schon zu Zeiten

Fiesole: römisches Theater mit dem Tal des Mugnone als Bühnenkulisse

der Etrusker und der Römer eine Akropolis. Ganz Florenz liegt Ihnen hier buchstäblich zu Füßen.

Zurück auf der Piazza Mino da Fiesole können Sie sich von der Anstrengung in einem der zahlreichen Lokale erholen. Empfehlenswert mit hübschem Innenhof und Garten ist **Perseus Fiesolano** *(tgl. | Piazza Mino da Fiesole 9 | Tel. 05 55 91 43 | €€)*. Boutiquen, Geschäfte mit schöner Keramik, Lebensmitteln und Schuhen ziehen sich die Piazza hinauf. An höchster Stelle steht das wappengeschmückte **Rathaus**, daneben die kleine Kirche **Santa Maria Primerana** (16. Jh.), davor ein Reiterstandbild mit Vittorio Emanuele II. und Garibaldi.

An der Apsis des Doms vorbei erreichen Sie die schön gelegene **Area Archeologica** *(Nov.–Feb. Mi–Mo 10–14, März und Okt. tgl. 10–18, April–Sept. tgl. 10–19 Uhr | Eintritt Mo–Do 8 Euro, Fr–So 10 Euro, Sammelticket mit Museo Bandini 12 Euro | www.museidifiesole.it)*. Auf 30 000 m^2 wurden bedeutende Zeugnisse aus etruskischer und römischer Zeit

freigelegt, darunter Tempel- und Thermenanlagen. Das großartige **Teatro Romano**, das früher 3000 Menschen Platz bot, ist noch heute ein beliebter Ort für die sommerlichen **INSIDER TIPP** Theater- und Ballettaufführungen der **Estate Fiesolana** → S. 105. Sehenswert sind auch die in diesem Gebiet gemachten Funde, die im angeschlossenen Museum ausgestellt werden. Liebhaber modernerer Kunst sollten der Via Giovanni Dupré noch 100 m weiter abwärts (ausgeschildert) zum **Museo Fondazione Primo Conti** *(Mo–Fr 9–13 Uhr | Eintritt 3 Euro | www.fondazioneprimoconti.org)* folgen. In einer zauberhaften kleinen Villa wird hier eine umfangreiche Sammlung mit Werken italienischer Futuristen gezeigt. Gegenüber vom Eingang, direkt hinter dem Dom, liegt das **Museo Bandini** *(Fr–So, Nov.–Feb. 10–17, März 10–18, April–Okt. 10–19 Uhr | Eintritt 5 Euro, Sammelticket mit Area Archeologica 12 Euro | www.museidifiesole.it)* mit einer kleinen, aber guten Sammlung von Werken Florentiner Künstler des 13.–15. Jhs.

3

VON MODE BIS DOLCE – SHOPPEN WIE DIE FLORENTINER

Wollen Sie einmal wie die Florentiner einkaufen? Dann verlassen Sie das Stadtzentrum an der Piazza della Repubblica in Richtung Osten.

Schlendern Sie stadtauswärts durch die quirlige Via del Corso, vorbei an der kleinen Kirche **Santa Maria de'Ricci** aus dem frühen 16. Jh., aus der oft klassische Musik tönt und zum kurzen Reinhören einlädt. Kleine Boutiquen und Enotheken locken hier zum Shoppen. Die Auswahl an hochklassigen Modemarken bei **Matucci** ist verführerisch, **Fabriano** verkauft Schreibartikel vom Feinsten, in der **Galleria del Chianti** finden Sie nicht nur gute Weine, sondern auch Olivenöl und andere Delikatessen, und **Lush** betört Sie schon auf der Straße mit dem Duft seiner handgefertigten Kosmetikprodukte. Spazieren Sie immer geradeaus weiter durch den schattigen Borgo degli Albizi, vorbei am pompösen **Palazzo Ramirez Montalvo**, in dem das renommierte Auktionshaus Pandolfini seinen Sitz hat. Gegenüber können Sie sich im **Atelier Aimée** ein Hochzeitskleid aussuchen, und wer extravagante Kleidung mag, schaut ein paar Schritte weiter bei **Ethic** rein. Lieben Sie Keramik? Dann machen Sie vor der Piazza Salvemini einen Schlenker durch den kleinen Arco di San Pierino zu **Sbigoli Terrecotte** → S. 74. An der Piazza selbst ist **Vestrini** ein Eldorado für Schokoladenliebhaber.

Durch die Via Pietrapiana verlassen Sie jetzt langsam das Zentrum. Zum Stöbern verführt auf der rechten Seite der **Trödelmarkt** auf der Piazza dei Ciompi. Sollte es Zeit zum Mittagessen sein, dann können Sie Ihren Hunger ein Stückchen weiter bei **Rocco** in der alten Markthalle des **Mercato di Sant'Ambrogio** → S. 77 stillen. Die Einkaufszeile ändert nun ihren Namen in Borgo la Croce, eine mit kleinen Geschäften gesäumte Gasse, die in die Piazza Beccaria mit dem alten Stadttor mündet. Bevor Sie den verkehrsreichen Platz überqueren, sollten Sie auf der rechten Seite zumindest einen Blick in die verführerische Vitrine der winzigen Konditorei **Dolci e Dolcezze** werfen.

Gegenüber beginnt die **Via Gioberti**. Hier finden Sie wirklich alles – von Boutiquen und Juwelieren über Buchhandlungen oder die elegante Einkaufspassage **Le Nove Botteghe** bis zum Bäcker, Schlachter, Feinkostladen, Fischhändler oder Supermarkt. Dazwischen gibt es Bars, Trattorien und einige sehr gute Enotheken wie z. B. die **Enoteca Bonatti**. Von der Piazza Beccaria bringt Sie der Elektrobus C2 zurück ins Zentrum.

Schmale Gasse, viele Geschäfte: Via del Corso

EVENTS, FESTE & MEHR

Ob die grandiosen Konzerte des Maggio Musicale Fiorentino, die Sommerfestspiele der Estate Fiesolana, die Schwertlilienschau, die große Antiquitäten-Biennale oder die Weinfeste im Herbst – jeder findet in Florenz etwas nach seinem Geschmack. Alle Events finden Sie unter *www.italiafestival.it* oder *www.fionline.it/turismo*.

FEIERTAGE

1. Jan. *Capodanno* (Neujahr); **6. Jan.** *Epifania* (Dreikönigsfest); **Ostersonntag und -montag; 25. April** (Tag der Befreiung vom Faschismus); **1. Mai** *Festa del Lavoro* (Tag der Arbeit); **2. Juni** *Proclamazione della Repubblica* (Tag der Republik); **24. Juni** *San Giovanni* (Tag des Stadtpatrons); **15. Aug.** *Ferragosto* (Mariä Himmelfahrt); **1. Nov.** *Ognissanti* (Allerheiligen); **8. Dez.** *Immacolata Concezione* (Mariä Empfängnis); **25./26. Dez.** *Natale, Santo Stefano* (Weihnachten)

FESTE & VERANSTALTUNGEN

MÄRZ/APRIL

25. März (Mariä Verkündigung): ▶ Volksfest auf der Piazza della Santissima Annunziata (123 E1) (𝄜 *G4*)

▶ *Taste* (*www.tastefirenze.it*): kulinarische Messe an einem Märzwochenende
▶ *Scoppio del Carro* am Ostersonntag: Renaissance-Feuerwerksspektakel, bei dem zwischen Dom und Baptisterium (122–123 C–D3) (𝄜 *F4*) ein historischer Karren angezündet wird.
Ende April ▶ *Mostra Internazionale dell'Artigianato* (*www.mostraartigianato.it*): Kunsthandwerksmesse in der Fortezza da Basso (125 D–E4) (𝄜 *E–F3*)
▶ *Notte Bianca:* kostenlose Konzerte, Performances und viele weitere Veranstaltungen in der Nacht zum 1. Mai

MAI/JUNI

▶ ⭐ *Maggio Musicale Fiorentino* (Tickets unter Tel. 0 55 21 11 58 | *www.maggiofiorentino.com*): mehrwöchige Festspiele mit Opern, Konzerten und Ballett, kostenloses Abschlusskonzert auf der Piazza della Signoria (122 C4–5) (𝄜 *D4*)
▶ *Festival Fabbrica Europa* (*www.ffeac.org*): internationales Festival in der Stazione Leopolda (124 C5) (𝄜 *D3–4*) mit Tanz, Musik und Schauspiel
▶ *Mostra dell'Iris* (*www.irisfirenze.it*): große Schwertlilienschau unterhalb des Piazzale Michelangelo (130 B4) (𝄜 *H6*)
INSIDER TIPP ▶ **Artigianato e Palazzo** (*www.artigianatoepalazzo.it*) am 2. oder

Natürlich wird Kultur in Florenz groß-geschrieben, aber auch zahlreiche anders geartete Events zeichnen die Stadt aus

3. Wochenende im Mai im Garten des Palazzo Corsini sul Prato (124–125 C–D5) *(*🗺️ *D–E4)*: Verkauf von traditionellem italienischem Kunsthandwerk, das auch vor Ort hergestellt wird

▶ ***Calcio in Costume*** *(www.calciostoricofiorentino.it)* am 24. Juni zu Ehren des Stadtheiligen: Ballspiel der vier Stadtviertel in mittelalterlichen Kostümen auf der Piazza Santa Croce (123 E5) *(*🗺️ *G5)*. Am Abend findet ein ● großes Feuerwerk am Piazzale Michelangelo (130 B4) *(*🗺️ *H6)* statt, das Sie am besten vom anderen Arnoufer aus genießen.

JULI/AUGUST

▶ *Florence Dance Festival (www.florencedance.org):* Tanzfestival im Innenhof des Bargello (123 D4) *(*🗺️ *G5)* mit internationalem Programm im Juli

▶ *Estate Fiesolana (www.estatefiesolana.it):* eines der ältesten Festivals Italiens mit Konzert, Theater, Ballett und Film im römischen Theater (U E1) *(*🗺️ *O)*

SEPTEMBER/OKTOBER

▶ **INSIDER TIPP** *Festa della Rificolona* am 7. Sept.: Unzählige Lampions leuchten auf der Piazza della SS. Annunziata (123 E1) *(*🗺️ *G4)* und dem Arno.

▶ *Festival Internazionale Musica dei Popoli (www.musicadeipopoli.com)* im Oktober: Musikkultur aus vielen Ländern im Auditorium Flog (133 E3) *(*🗺️ *O)*

▶ ***Biennale Internazionale dell' Antiquariato di Firenze*** *(www.biennale antiquariato.it):* Antiquitätenmesse im Palazzo Corsini sull'Arno (122 A4) *(*🗺️ *E5)*, nur in Jahren mit ungerader Jahreszahl

NOVEMBER/DEZEMBER

▶ ***Festival dei Popoli*** *(www.festivaldeipopoli.org)* Anfang Dezember: internationales Dokumentarfilmfest

▶ *Stagione Lirica (Infos/Tickets unter Tel. 0 55 21 08 04 | Via delle Vecchie Carceri 1* (130 B3) *(*🗺️ *H5) | www.boxol.it):* Höhepunkt der Konzert- und Theatersaison auf fast allen Bühnen der Stadt

LINKS, BLOGS, APPS & MORE

LINKS

▶ short.travel/flo1 So nah kommen Sie den berühmten Werken von Giotto, da Vinci, Michelangelo, Tizian oder Caravaggio selbst in den Uffizien nicht. Und hier können Sie diese sogar ganz in Ruhe betrachten

▶ www.firenzeturismo.it Das offizielle Portal der Stadt informiert über das aktuelle Veranstaltungsprogramm und die Museen, hilft bei der Quartiersuche und bietet umfangreiches Kartenmaterial und Broschüren, darunter Stadtpläne oder Weinführer, kostenlos zum Download an

▶ short.travel/flo2 Eine virtuelle Reise mit Dutzenden 360°-Panoramen führt Sie zu den berühmtesten Orten der Stadt. Außerdem können Sie diese in kostenlosen HD-Videos genießen, sich Audioguides herunterladen oder über den Anbieter Radtouren buchen

▶ www.marcopolo.de/florenz Alles auf einen Blick zu Ihrem Reiseziel: interaktive Karten, Impressionen aus der Community, aktuelle News und Angebote

▶ togo.055055.it Für Smartphones optimierte Website mit Hinweisen zu Parkplätzen, Tankstellen, Staus, Radwegen, WLAN-Hotspots und vieles mehr

BLOGS & FOREN

▶ short.travel/flo3 Reiseportal mit unzähligen Blogeinträgen, aber auch Bildern und Videos der Community, die von deren Reisen nach Florenz erzählen

▶ www.lovingflorence.blogspot.com Unterhaltsames Blog einer jungen Florentinerin, die hier über Ausstellungen, Nightlife und kleine Alltagsepisoden schreibt (auf Englisch). Interessant ist auch die italienische Version (www.lovingflorence.blogspot.com), wo sie u. a. viele Restauranttipps gibt

▶ blog.luisaviaroma.com Einfach alles, was Sie über aktuelle Modetrends und -events in der Stadt wissen sollten, denn der Modetempel „Luisa Via Roma" ist immer bestens informiert

Egal, ob Sie sich auf Ihre Reise vorbereiten oder vor Ort sind: Mit diesen Adressen finden Sie noch mehr Informationen, Videos und Netzwerke, die Ihren Urlaub bereichern. Da manche Adressen extrem lang sind, führt Sie der kürzere short.travel-Code direkt auf die beschriebenen Websites

VIDEOS

▶ www.vimeo.com/18268458 Romantik für zu Hause: ein Spaziergang durch Florenz bei rot-goldenem Sonnenuntergangslicht

▶ short.travel/flo4 Falls Ihr eigener Rechner zu schwach ist: Mit Google Earth fliegen Sie in 3-D-Ansicht über die Stadt. Das Video können Sie in unterschiedlichen Auflösungen bis zur HD-Qualität anschauen

▶ www.vimeo.com/8331012 Florenz steht eigentlich für Sommer, Sonne und Wärme. Doch im Winter 2011 versank die Stadt im Schneechaos: In nur wenigen Stunden fielen 30 cm Schnee. Es gab kaum Räumfahrzeuge, nichts ging mehr und es war gespenstig still. Ein Wintertraum auf Video festgehalten

APPS

▶ Florence Map and Walking Tours Die Stadt zu Fuß erkunden, an allen Ecken etwas Neues entdecken und dabei wissen, wo man das nächste Eis essen kann

▶ Uffizi. The Official Guide Führer für iOS durch die Uffizien, u. a. mit detaillierten Informationen zu den wichtigsten Werken. Nicht auf Deutsch erhältlich

▶ Michelangelo PhoneClop Die passende Reisekleidung für Ihr Android-Handy: Nach jedem Anruf zeigt es zufällig ausgewählte Bilder von Michelangelo-Werken

▶ MARCO POLO Travel Guide Florenz Die Smartphone-App leitet auch ohne Internetverbindung zuverlässig durch den Großstadtdschungel. Greifen Sie zurück auf bewährte Kategorien wie Sehenswertes, Einkaufen, Essen & Trinken, Am Abend, Aktivitäten mit Kindern und Sport – oder stellen Sie eigene Touren zusammen!

NETWORK

▶ short.travel/flo6 Reisende geben hier ihre Kommentare zu Restaurants, Hotels und Sehenswürdigkeiten ab

▶ short.travel/flo7 Das Stadtmagazin „The Florentine" (engl.) erscheint alle zwei Wochen. Dazu hat sich auf Facebook eine lebendige Community entwickelt

▶ short.travel/flo8 Die Tripwolf-Community bewertet und kommentiert fleißig Hotels, Restaurants und Sehenswürdigkeiten von Florenz

PRAKTISCHE HINWEISE

ANREISE

🚗 Sie nehmen entweder die *Brennerautobahn E 45* (Brenner–Verona–Modena-Bologna), die *Gotthardautobahn E 35* (Lugano–Mailand–Bologna) oder die E 43, die durch Liechtenstein und den San-Bernardino-Tunnel nach Mailand und Bologna nach Florenz führt. Verlassen Sie die Autobahn erst an der Ausfahrt Firenze-Certosa. Sie vermeiden so das Chaos der Vororte und fahren über den Piazzale Michelangelo (gut ausgeschildert, aber aufpassen!) hinab in die Stadt *(centro)*.

🚆 Die Anreise erfolgt über die Schweiz (Basel–Mailand) oder Österreich (München–Brenner). Die meisten Züge kommen auf dem Hauptbahnhof San-ta Maria Novella im Zentrum an, einige halten jedoch auf dem Durchgangsbahnhof Firenze Campo di Marte. Von dort verkehrt ein Pendelzug zum Hauptbahnhof.

✈ Vom *Aeroporto Amerigo Vespucci* bringt Sie der Airport-Shuttle *Vola in Bus!* (6–23.30 Uhr | 6 Euro, hin- und zurück 10 Euro) in 30 Min. zum Hauptbahnhof. Im Taxi beträgt der Preis je nach Uhrzeit 20–23 Euro, plus 1 Euro pro Kofferraumgepäckstück. Airberlin fliegt Florenz direkt an. Mit Billigfliegern (Easyjet, Ryanair, Tuifly) kommen Sie günstig nach Pisa zum *Aeroporto Galileo Galilei*. Von dort verkehren zum Florentiner Hauptbahnhof Direktzüge in unregelmäßigen Abständen *(Fahrzeit 70 Min. | 7,80 Euro)*.

GRÜN & FAIR REISEN

Auf Reisen können auch Sie mit einfachen Mitteln viel bewirken. Behalten Sie nicht nur die CO_2-Bilanz für Hin- und Rückflug im Hinterkopf *(www.atmosfair.de)*, sondern achten und schützen Sie auch nachhaltig Natur und Kultur im Reiseland *(www.gate-tourismus.de; www.zukunft-reisen.de; www.ecotrans.de)*. Gerade als Tourist ist es wichtig, auf Aspekte zu achten wie Naturschutz *(www.nabu.de; www.wwf.de)*, regionale Produkte, Fahrradfahren (statt Autofahren), Wassersparen und vieles mehr. Wenn Sie mehr über ökologischen Tourismus erfahren wollen: europaweit *www.oete.de*; weltweit *www.germanwatch.org*

AUSKUNFT VOR DER REISE

STAATLICHES ITALIENISCHES FREMDENVERKEHRSBÜRO ENIT
Infobroschüren können Sie kostenlos bestellen unter *Tel. 08 00 86 32 35 – Barckhausstr. 10 | 60325 Frankfurt | Tel. 069 23 74 34 | www.enit.de – Mariahilferstr. 1b | 1060 Wien | Tel. 01 5 05 16 30 12 | vienna@enit.it – Uraniastr. 32 | 8001 Zürich | Tel. 043 4 66 40 40 | enit.ffm@t-online.de*

AUSKUNFT IN FLORENZ

Infobroschüren, Stadtpläne und Hotelreservierungen bei den Infostellen*: Via Cavour 1r (122 C2) (⌂ F4) Mo–Sa 8.30–18.30 Uhr | Tel. 0 55 29 08 32; Flughafen Aeroporto Amerigo Vespucci/Ankunftshalle | tgl. 8.30–20.30 Uhr | Tel. 0 55 31 58 74; Info Point Bigallo | Piazza San Giovanni (123 D3) (⌂ F5) | Mo–Sa 9–19, So*

Von Anreise bis Zoll

Urlaub von Anfang bis Ende: die wichtigsten Adressen und Informationen für Ihre Florenzreise

9–14 Uhr | Tel. 0 55 28 84 96; Piazza Stazione 4 (122 A2) (*E4*) | Mo–Sa 8.30–19, So 8.30–14 Uhr | Tel. 0 55 21 22 45 Schriftliche Anfragen: *Via Manzoni 16 | 50121 Firenze | Tel. 05 52 33 20 | www. firenzeturismo.it*

Für Veranstaltungstipps gibt es die Gratishefte *Informacittà (www.informacitta. it)* und *Firenze dei Teatri (www. firenzedeiteatri.it)* bei den Infostellen. *Firenze Spettacolo* (auch mit englischem Text, *www.firenzespettacolo.it)* bietet das monatliche Programm auf einen Blick, für 2 Euro am Kiosk erhältlich. Alle zwei Monate liegt *Florence Concierge Information (www.florence-concierge.it)* kostenlos im Hotel, ebenso *Firenze oggi/ Florence today.* Interessant ist *The Florentine:* Events, Kultur, Essen und Trinken sowie aktuelle Nachrichten aus Florenz und Umgebung auf Englisch – zweimal monatlich in Hotels, Internet-Points, Buchhandlungen oder Sprachschulen gratis erhältlich *(www.theflorentine.net).*

Vielseitige und immer aktuelle Infos zu Florenz und der Toskana bietet die Website *www.firenzeturismo.it.* Tipps zu Shoppen, Sightseeing, Restaurants, Hotels und Ausstellungen finden Sie bei *www.firenze. net* und *www.fionline.it.* Eine virtuelle Reise durch die Stadt können Sie auf *www.italyguides.it/us/florence/florence_ italy.htm* unternehmen.

AUTO/MIETWAGEN

Die gesamte Innenstadt ist Mo–Fr 7.30–19.30, Sa bis 18 Uhr, sowie Juni–Sept. auch Do–Sa 23–3 Uhr nur befahrbar mit Genehmigung der *Polizia Municipale (Piazza della Calza 2 (129 D5) (*D6*) | Tel. 05 53 28 34 07 und Piazzale di Por-

ta al Prato 6 (124 C5) (*D3*) | Tel. 05 53 28 32 84). Wenn Sie im Zentrum logieren *(Zona ZTL),* lassen Sie sich im Voraus vom Hotel eine schriftliche Genehmigung ausstellen.

An vielen Straßen der Außenbezirke dürfen nur Anwohner parken *(divieto di sosta e parcheggio per non residenti).* Dort werden Sie abgeschleppt und können nach Zahlung einer beträchtlichen Strafe am nächsten Tag Ihren Wagen in der außerhalb gelegenen (!) *Via Allende 18/ 20 (133 E2) (*O*) (Tel. 05 54 22 41 42 | Bus 57 und 23 ab Hauptbahnhof)* abholen. Ratsam ist es daher, sein Auto sicher zu parken. Allgemein gilt: Blau markierte Parkplätze sind kostenpflichtig (Parkautomat), weiß markierte nur für Anwohner!

Durchgehend geöffnete Parkplätze gibt es bei der Porta Romana/Oltrarno

WAS KOSTET WIE VIEL?

Espresso	**1,10 Euro** *für eine Tasse Espresso an der Stehbar*
Kutsche	**ab 50 Euro** *für 20 Minuten Fahrt*
Eis	**ab 1,70 Euro** *für eine Portion mit zwei Sorten*
Snack	**ab 8 Euro** *für einen Mittagsteller in der Bar*
Busfahrt	**1,20 Euro** *für eine Fahrkarte mit 90 Min. Gültigkeit*
Schuhe	**ab 390 Euro** *für Luxus von Ferragamo*

(128–129 C–D5) (*ID D6–7*) *(2 Euro pro Std., 18 Euro pro Tag)*. Große, 24 Std. geöffneteTiefgaragen in der Innenstadt liegen unter dem *Parterre* nahe der Piazza della Libertà *(Einfahrt Via Madonna della Tosse | 2 Euro/Std., 20 Euro/Tag)*, bei der Fortezza da Basso (125 D4) (*ID E3*) *(Einfahrt Piazzale Caduti dei Lager | 1,60 Euro/ Std., 20 Euro/Tag)* und bei der Piazza Beccaria (130 C2) (*ID H–J5*) *(1,70 Euro/ Std., 20 Euro/Tag)*. Am zentralsten sind

Im Zentrum von Florenz ist alles fußläufig erreichbar

die Tiefgaragen am Hauptbahnhof (125 D6) (*ID E4*) *(Einfahrt Via Alamanni)*, am Mercato Centrale (122 C2) (*ID F4*) *(Einfahrt Via S. Antonino)* und bei der Stazione Leopolda (124 C5) (*ID D4*) *(1,50– 3 Euro/Std., 20 Euro/Tag)*. Am Mercato Sant'Ambrogio (130 B2) (*ID H5*) *(Einfahrt Piazza Annigoni)* kostet es 1–3 Euro/ Std., 70–172 Euro/Tag. Mehr Infos unter *www.firenzeparcheggi.it.*
Tankstellen liegen an den Ausfallstraßen *(Mo–Fr 7.30–12.30 und 15 (15.30)– 19.30 Uhr)*. Selbstbedienung, meist 24 Stunden geöffnet. Es gibt kein Normalbenzin, nur Super und Diesel – und in den letzten Jahren auch immer mehr GPL und Methangas.

Mietwagen sollten Sie am besten schon von Deutschland aus reservieren. Fast alle großen Firmen haben Filialen in Florenz, so z. B. *Avis Autonoleggio* (129 D2) (*ID E5*) *(Borgo Ognissanti 128r | Tel. 0 55 21 36 29 | www.avisautonoleggio.it). City Car Rent* (125 D6) (*ID E4*) *(Via L. Alamanni 3a | Tel. 05 52 39 92 31 | www.citycarrent.org)* vermietet u. a. auch stundenweise preisgünstig Smarts.
Pannenhilfe: *Tel. 80 31 16. ADAC/ACI Tel. (deutschsprachig) 02 66 15 91*

BANKEN

Banken sind meist *Mo–Fr 8.20–13.20, 14.45–15.45 Uhr* geöffnet. Die meisten haben Geldautomaten für Kredit- und EC-Karten (Entnahme bis zu 250 Euro tgl.). Seit 2013 haben einige Filialen der Banca CR Firenze im Zentrum *Mo–Fr 8–13.30, 14.30–20, Sa 8–13 Uhr* geöffnet.

DIEBSTAHL

Der Diebstahl von Ausweisen, Fahrzeugen etc. muss umgehend der Polizei an einer Wache oder deren Hauptsitz (129 D2) (*ID E5*) *(Borgo Ognissanti 48 | Tel. 05 52 48 11)* gemeldet werden.

FAHRRAD, SEGWAY & VESPA

Florence by bike (125 F5) (*ID F3*) *(Mo– Fr 9–13 und 15.30–19.30, Sa (April–Okt. auch So) 9–19 Uhr | Via San Zanobi 54r | Tel. 0 55 48 89 92 | www.florencebybike. it)* vermietet verschiedene Radtypen. Preisbeispiel: Mountainbike 4 Euro/ Std., 21 Euro/Tag, Citybike 3,50 Euro/ Std., 14,50 Euro/Tag.
Segways mietet man bei *Segway Firenze* (122 C4) (*ID E5*) *(Mo–Sa 9–18 Uhr | Via dei Cimatori 9 | www.segwayfirenze. com)* für 18 Euro/Std.

Florenz hat die meisten Vespas Italiens – fahren auch Sie z. B. mit einer Vespa 125 zu zweit für 60 Euro/Tag und 150 Euro/Wochenende, vermietet von *Stradanova* (129 D1) *(* *D4) (März–Sept. tgl. 9–18 Uhr, Okt.–Feb. nur nach telefonischer Vereinbarung | Via il Prato 50r | Tel. 0 55 38 50 45 | mobil 34 97 85 25 32 | www.stradanova.com).*

FIRENZE CARD

Sehr lohnenswert bei mehrtägigem Besuch: Für 72 Stunden erhalten Sie den einmaligen Eintritt in 51 Museen, Villen und Kirchen der Stadt sowie die freie Nutzung aller öffentlichen Verkehrsmittel. Die Karte hat den großen Vorteil, lange Schlangen vor den Museen zu vermeiden (direkt an den Eingang gehen und die Karte vorzeigen!). Sie kostet 50 Euro und kann in Hotels, Museen oder online erworben werden *(www.firenzecard.it).* Nach dem Kauf auf der Rückseite ausfüllen. Die 72 Stunden laufen ab Erstbenutzung (Entwertung bei Museumseintritt oder Busfahrt), pro Karte ist ein Minderjähriger inbegriffen.

GESUNDHEIT

APOTHEKEN

24 Std. geöffnet: *Farmacia Comunale No 13* (122 A1) *(* *E4)* im Hauptbahnhof, *Farmacia Molteni* (122 C4) *(* *F5) (Via Calzaiuoli 7r)* und *Farmacia all'Insegna del Moro* (122 C3) *(* *F4) (Piazza S. Giovanni 20r).*

KRANKENHAUS

Ambulante Behandlung rund um die Uhr finden Sie beim *Pronto Soccorso* im *Ospedale di Careggi* (U B1) *(* *O)* und im *Ospedale Santa Maria Nuova* (123 E3) *(* *G4) (Piazza Santa Maria Nuova 1).* Für Kinder zuständig ist das

Nuovo Ospedale Meyer (U B1) *(* *O) (Villa Ognissanti | Viale Pieraccini 24 | Careggi | Tel. 05 55 66 21).*

INTERNETCAFÉS & WLAN

Fast alle Hotels bieten WLAN. Die Gemeinde von Florenz hat mittlerweile 450 kostenlose Hotspots in der Stadt aktiviert. Beliebte Internet-Points sind *Internet Train* (122 C1) *(* *F4) (Via Guelfa 54/56r), Via dei Benci 36r* (123 E5) *(* *G5), Via Porta Rossa 38r* (122 C4) *(* *F5)* und *Webpuccino* (125 F5) *(* *F4) (tgl. 10–22 Uhr | Via dei Conti 22/r).*

KONSULATE

DEUTSCHES HONORARKONSULAT

Mo–Fr 9.30–12.30 Uhr | Corso Tintori 3 (123 E6) *(* *G6) | Tel. 05 52 34 35 43 | florenz@hk-diplo.de*

ÖSTERREICHISCHES HONORARKONSULAT

Mo–Fr 10–12 Uhr | Lungarno Vespucci 58 (128 C1) *(* *E5) | Tel. 05 52 65 42 22*

SCHWEIZER HONORARKONSULAT

Do, Fr 16–17 Uhr | im Hotel Park Palace | Piazzale Galileo 5 (129 E6) *(* *F8) | Tel. 0 55 22 24 34*

NOTRUFE

Carabinieri *Tel. 112;* Feuerwehr *Tel. 115;* Polizei (Unfall) *Tel. 113;* Notarzt *Tel. 118*

ÖFFENTLICHE VERKEHRSMITTEL

ATAF-Fahrkarten kaufen Sie in Bars, Tabakläden oder Kiosken und entwerten sie im Bus. Von 21 bis 6 Uhr können Sie diese auch beim Fahrer für 2 Euro kaufen (aufpassen: Er muss kein Restgeld herausgeben können). Schwarzfahren wird mit bis zu 240 Euro bestraft! Kinder bis zu 1 m Größe fahren gratis. Ein Ticket für 90 Min. *(biglietto semplice)* kostet 1,20 Euro, vier Fahrten *(quattro corse)* 4,70 Euro, ein 24 Std. gültiges *biglietto 24 ore* 5 Euro und ein 3-Tage-Ticket *(biglietto tre giorni)* 12 Euro. Fahrpläne und Infos erhalten Sie in der Bahnhofshalle *(tgl. 7.30–19.30 Uhr)*. Für Besitzer italienischer Netzbetreiber (Wind, Tim, Vodafone und Tre) ist das neue *mobile ticketing* (Euro 1,20 plus SMS-Gebühr, je nach Anbieter) unkompliziert: Vor dem Einsteigen einfach eine SMS mit dem Text „ATAF" an 4 880 105 schicken, und Sie erhalten nach einigen Sekunden per SMS Ihr eTicket (90 Min. gültig).

Seit 2010 verbindet die erste Linie der Straßenbahn *tramvia* den Vorort Scandicci mit dem Hauptbahnhof.

POST

In alle EU-Länder beträgt das Porto für Briefe und Postkarten 85 Cent. Briefmarken gibt es außer bei der *Posta Centrale* (122 C4) *(🕮 F5) (Via Pelliceria 1)* auch in vielen Tabakläden (Hinweisschild ist ein weißes „T" auf schwarzem Grund).

RAUCHEN

In allen öffentlichen Gebäuden, Bars, Restaurants etc., in denen keine Raucherzone eingerichtet wurde, herrscht striktes Rauchverbot. Fast unglaublich, aber die Italiener halten sich daran – sonst drohen Strafen von 275 bis 2200 Euro!

RECHNUNGEN & BELEGE

Sie können nur bis zu einer Höhe von Euro 999,99 bar zahlen. Alle Rechnungen und Belege – selbst der Bon für einen *caffè* oder ein Glas Wasser an der Bar – müssen laut Gesetz zur Verhinderung von Steuerbetrug mindestens 100 m mitgeführt werden.

STADTTOUREN

Eine einfache und auch für Kinder aufregende Tour durch Florenz mit vielen Ein- und Aussteigemöglichkeiten bietet *City-Sightseeing Firenze (s. S. 22)* an. Agenturen, die teilweise auch auf Deutsch individuelle Sightseeingtouren für Einzelpersonen und Gruppen zu Fuß oder mit dem Rad durch die Stadt organisieren, sind reservierungspflichtig, z. B. *Florence and Tuscany Tours (Tel. 0 55 210 301 | www.florenceandtuscanytours.com), Art Viva Walking Tours (Via Sassetti 1 | Tel. 0 55 26 45 03 33 | mobil 32 96 13 27 30 | www.italy.artviva.com)* und *I bike Florence (Via de'Lamberti 1 | Tel. 05 50 12 39 94 | www.ibikeflorence. com)*.

Autorisierte und professionelle Stadtführerinnen arbeiten nach Ihren Wünschen ein individuelles Programm aus, z. B. *Geertje Hansen (mobil 32 88 33 95 50 | www.geertjehansen.it)* und *Susanna Probst (mobil 32 74 58 37 99 | www. stadtfuehrung-florenz.de)*.

Fast eine Stadtrundfahrt ist eine Tour mit dem ● *Elektrobus C3.* Dieser durchquert die kleinen Gassen der Altstadt und bringt Sie auch hinüber auf die andere Seite des Arno. Obendrein ist die Reise fast kostenlos *(1,20 Euro)*.

TAXI

In Florenz ist es beinahe unmöglich, ein Taxi auf der Straße anzuhalten. Entweder Sie rufen ein Funktaxi *(Tel. 0 55 43 90, 0 55 47 98, 0 55 42 42)* oder gehen zu einem Taxistand, z. B. *Hauptbahnhof* (122 A1–2) *(🕮 E4)*, *Piazza della Libertà* (126 A4) *(🕮 G2)*, *Piazza della Republi-*

ca (122 C3–4) (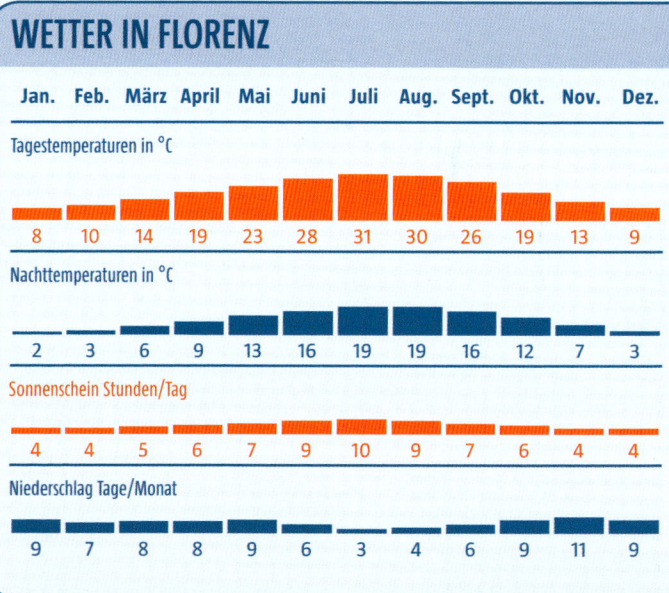 F5), *Piazza San Marco* (126 A5) (F4), *Piazza Santa Maria Novella* (122 A2–3) (E4), *Piazza Santa Trinita* (122 B4) (E5) und *Porta Romana* (128–139 C–D5) (D7). Der Mindesttarif für ein am Stand bestiegenes Taxi ist 3,30 Euro, für ein telefonisch gerufenes Taxi 5,30 Euro. Ab 22 Uhr, an Sonn- und Feiertagen und für jedes Kofferraumgepäckstück wird ein Aufschlag berechnet. Allein fahrende Frauen erhalten nachts (21–2 Uhr) zehn Prozent Rabatt *(nach sconto fragen!)*.

che im Festnetz benutzen Sie am besten eine *scheda telefonica internazionale,* die preisgünstiger ist. Erkunden Sie sich über das günstigste Netz vor Ort und programmieren Sie Ihr Handy dementsprechend. Die Ortsvorwahl ist in Italien Bestandteil der Telefonnummer und muss somit immer (auch die Null!) mitgewählt werden. Vorwahl nach Italien 0039, von Italien nach Deutschland 0049, nach Österreich 0043, in die Schweiz 0041; R-Gespräche unter *Tel. 0800 17 24 90.*

TELEFON & HANDY

Telefonzellen und entsprechend auch Telefonkarten findet man nur noch wenige. Eine Telefonkarte *(scheda telefonica)* gibt es in Tabakläden und Kiosken; vor Benutzung muss die perforierte Ecke abgetrennt werden! Für Auslandsgesprä-

ZOLL

Für EU-Reisende sind sämtliche Waren für den persönlichen Bedarf zollfrei. Für Schweizer und bei der Durchfahrt durch die Schweiz sind 200 Zigaretten oder 50 Zigarren oder 250 g Tabak sowie 1 l Spirituosen über 15 Prozent und 2 l unter 15 Prozent zollfrei.

WETTER IN FLORENZ

	Jan.	Feb.	März	April	Mai	Juni	Juli	Aug.	Sept.	Okt.	Nov.	Dez.
Tagestemperaturen in °C	8	10	14	19	23	28	31	30	26	19	13	9
Nachttemperaturen in °C	2	3	6	9	13	16	19	19	16	12	7	3
Sonnenschein Stunden/Tag	4	4	5	6	7	9	10	9	7	6	4	4
Niederschlag Tage/Monat	9	7	8	8	9	6	3	4	6	9	11	9

SPRACHFÜHRER ITALIENISCH

AUSSPRACHE

c, cc	vor „e, i" wie deutsches „tsch" in deutsch, Bsp.: dieci, sonst wie „k"
ch, cch	wie deutsches „k", Bsp.: pacchi, che
g, gg	vor „e, i" wie deutsches „dsch" in Dschungel, Bsp.: gente
gl	ungefähr wie in „Familie", Bsp.: figlio
gn	wie in „Kognak", Bsp.: bagno
sc	vor „e, i" wie deutsches „sch", Bsp.: uscita
sch	wie in „Skala", Bsp.: Ischia
z	immer stimmhaft wie „ds"

Ein Akzent steht im Italienischen nur, wenn die letzte Silbe betont wird. In den übrigen Fällen haben wir die Betonung durch einen Punkt unter dem betonten Vokal angegeben.

AUF EINEN BLICK

ja/nein/vielleicht	sì/no/forse
bitte/danke	per favore/grazie
Entschuldige!/Entschuldigen Sie!	Scusa!/Scusi!
Wie bitte?	Come dice?/Prego?
Gute(n) Morgen!/Tag!/Abend!/Nacht!	Buon giorno!/Buon giorno!/ Buona sera!/Buona notte!
Hallo!/Tschüss!/Auf Wiedersehen!	Ciao!/Ciao!/Arrivederci!
Ich heiße ...	Mi chiamo ...
Wie heißen Sie?/Wie heißt Du?	Come si chiama?/Come ti chiami?
Ich möchte .../Haben Sie ...?	Vorrei .../Avete ...?
Wie viel kostet ...?	Quanto costa ...?
Das gefällt mir (nicht).	(Non) mi piace.
gut/schlecht	buono/cattivo
kaputt/funktioniert nicht	guasto/non funziona
zu viel/viel/wenig/alles/nichts	troppo/molto/poco/tutto/niente
Hilfe!/Achtung!/Vorsicht!	aiuto!/attenzione!/prudenza!
Krankenwagen/Polizei/Feuerwehr	ambulanza/polizia/vigili del fuoco
Verbot/verboten/Gefahr/gefährlich	divieto/vietato/pericolo/pericoloso

DATUMS- & ZEITANGABEN

Montag/Dienstag	lunedì/martedì
Mittwoch/Donnerstag	mercoledì/giovedì
Freitag/Samstag	venerdì/sabato

Parli italiano?

„Sprichst du Italienisch?" Dieser Sprachführer hilft Ihnen, die wichtigsten Wörter und Sätze auf Italienisch zu sagen

Sonntag/Werktag/Feiertag	domenica/(giorno) feriale/festivo
heute/morgen/gestern	oggi/domani/ieri
Stunde/Minute/Tag/Nacht	ora/minuto/giorno/notte
Woche/Monat/Jahr	settimana/mese/anno
Wie viel Uhr ist es?	Che ora è? Che ore sono?
Es ist drei Uhr./Es ist halb vier.	Sono le tre./Sono le tre e mezza.
Viertel vor vier/Viertel nach vier	le quattro meno un quarto/le quattro e un quarto

UNTERWEGS

offen/geschlossen	aperto/chiuso
Eingang/Einfahrt/Ausgang/Ausfahrt	entrata/entrata/uscita/uscita
Abfahrt/Abflug/Ankunft	partenza/partenza/arrivo
Toiletten/Damen/Herren	bagno/signore/signori
(kein) Trinkwasser	acqua (non) potabile
Wo ist ...?/Wo sind ...?	Dov'è ...?/Dove sono ...?
links/rechts/geradeaus/zurück	sinistra/destra/dritto/indietro
nah/weit	vicino/lontano
Bus/Straßenbahn/U-Bahn/Taxi	bus/tram/metropolitana/taxi
Haltestelle/Taxistand	fermata/posteggio taxi
Parkplatz/Parkhaus	parcheggio/parcheggio coperto
Stadtplan/(Land-)Karte	pianta/mappa
Bahnhof/Hafen/Flughafen	stazione/porto/aeroporto
Fahrplan/Fahrschein/Zuschlag	orario/biglietto/supplemento
einfach/hin und zurück	solo andata/andata e ritorno
Zug/Gleis/Bahnsteig	treno/binario/banchina
Ich möchte ... mieten.	Vorrei noleggiare ...
ein Auto/ein Fahrrad/ein Boot	una macchina/una bicicletta/una barca
Tankstelle/Benzin/Diesel	distributore/benzina/gasolio
Panne/Werkstatt	guasto/officina

ESSEN & TRINKEN

Reservieren Sie uns bitte für heute Abend einen Tisch für vier Personen.	Vorrei prenotare per stasera un tavolo per quattro persone.
auf der Terrasse/am Fenster	sulla terrazza/vicino alla finestra
Die Speisekarte, bitte.	Il menù, per favore.
Flasche/Karaffe/Glas	bottiglia/caraffa/bicchiere
Messer/Gabel/Löffel	coltello/forchetta/cucchiaio
Salz/Pfeffer/Zucker	sale/pepe/zucchero
Essig/Öl/Milch/Sahne/Zitrone	aceto/olio/latte/panna/limone

kalt/versalzen/nicht gar	freddo/troppo salato/non cotto
mit/ohne Eis/Kohlensäure	con/senza ghiaccio/gas
Vegetarier(in)/Allergie	vegetariano/vegetariana/allergia
Ich möchte zahlen, bitte.	Vorrei pagare, per favore
Rechnung/Quittung/Trinkgeld	conto/ricevuta/ mancia

EINKAUFEN

Wo finde ich ...?	Dove posso trovare ...?
Ich möchte .../Ich suche ...	Vorrei .../Cerco ...
Brennen Sie Fotos auf CD?	Vorrei masterizzare delle foto su CD?
Apotheke	farmacia
Bäckerei/Markt	forno/mercato
Einkaufszentrum/Kaufhaus	centro commerciale/grande magazzino
Lebensmittelgeschäft	negozio alimentare
Supermarkt	supermercato
Fotoartikel/Zeitungsladen	articoli per foto/giornalaio
Kiosk	edicola
100 Gramm/1 Kilo	un etto/un chilo
teuer/billig/Preis	caro/economico/prezzo
mehr/weniger	di più/di meno
aus biologischem Anbau	di agricoltura biologica

ÜBERNACHTEN

Haben Sie noch ...?	Avete ancora ...?
Einzelzimmer/Doppelzimmer	una (camera) singola/una doppia
Frühstück/Halbpension/Vollpension	colazione/mezza pensione/ pensione completa
Dusche/Bad/Balkon/Terrasse	doccia/bagno/balcone/terrazza
Schlüssel/Zimmerkarte	chiave/scheda magnetica
Gepäck/Koffer/Tasche	bagaglio/valigia/borsa

BANKEN & GELD

Bank/Geldautomat/Geheimzahl	banca/bancomat/codice segreto
bar/Kreditkarte	in contanti/carta di credito
Banknote/Münze/Wechselgeld	banconota/moneta/il resto

GESUNDHEIT

Arzt/Zahnarzt/Kinderarzt	medico/dentista/pediatra
Krankenhaus/Notfallpraxis	ospedale/pronto soccorso
Fieber/Schmerzen	febbre/dolori
Durchfall/Übelkeit/Sonnenbrand	diarrea/nausea/scottatura solare
entzündet/verletzt	infiammato/ferito

Pflaster/Verband/Salbe/Creme	cerotto/fasciatura/pomata/crema
Schmerzmittel/Tablette/Zäpfchen	antidolorifico/compressa/supposta

TELEKOMMUNIKATION & MEDIEN

Briefmarke/Brief/Postkarte	francobollo/lettera/cartolina
Ich brauche eine Telefonkarte fürs Festnetz.	Mi serve una scheda telefonica per la rete fissa.
Ich suche eine Prepaidkarte für mein Handy.	Cerco una scheda prepagata per il mio cellulare.
Wo finde ich einen Internetzugang?	Dove trovo un accesso internet?
Brauche ich eine spezielle Vorwahl?	Ci vuole un prefisso particolare?
wählen/Verbindung/besetzt	comporre/linea/occupato
Steckdose/Adapter/Ladegerät	presa/riduttore/caricabatterie
Computer/Batterie/Akku	computer/batteria/accumulatore
At-Zeichen(„Klammeraffe")	chiocciola
Internetadresse/E-Mail-Adresse	indirizzo internet/indirizzo email
Internetanschluss/WLAN	collegamento internet/wi-fi
E-Mail/Datei/ausdrucken	email/file/stampare

FREIZEIT, SPORT & STRAND

Strand/Strandbad	spiaggia/stabilimento balneare
Sonnenschirm/Liegestuhl	ombrellone/sdraio
Seilbahn/Sessellift	funivia/seggiovia
(Schutz-)Hütte/Lawine	rifugio/valanga

ZAHLEN

0	zero	17	diciassette
1	uno	18	diciotto
2	due	19	diciannove
3	tre	20	venti
4	quattro	21	ventuno
5	cinque	30	trenta
6	sei	40	quaranta
7	sette	50	cinquanta
8	otto	60	sessanta
9	nove	70	settanta
10	dieci	80	ottanta
11	undici	90	novanta
12	dodici	100	cento
13	tredici	1000	mille
14	quattordici	2000	duemila
15	quindici	½	un mezzo
16	sedici	¼	un quarto

EIGENE NOTIZEN

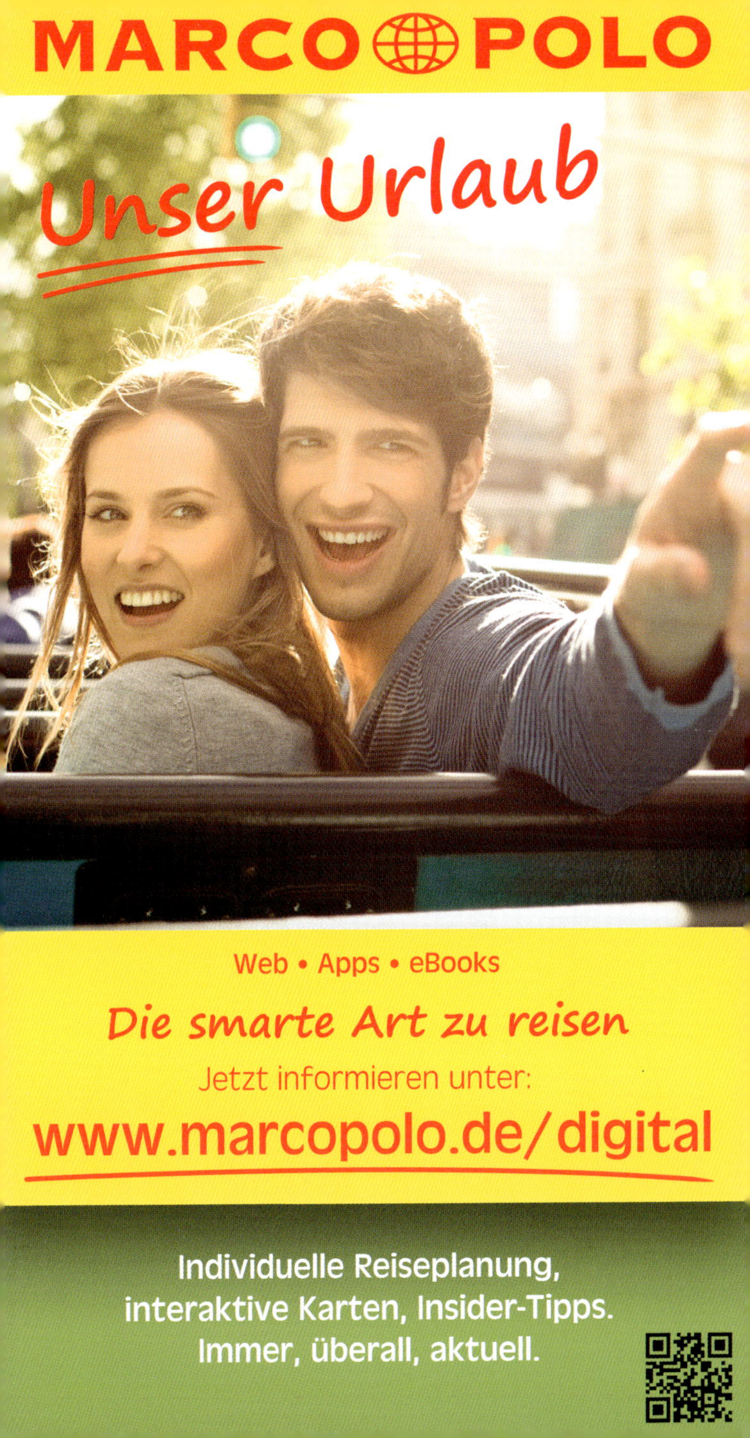
MARCO POLO
Unser Urlaub
Web • Apps • eBooks
Die smarte Art zu reisen
Jetzt informieren unter:
www.marcopolo.de/digital
Individuelle Reiseplanung,
interaktive Karten, Insider-Tipps.
Immer, überall, aktuell.

CITYATLAS

Unterwegs in Florenz

Die Seiteneinteilung für den Cityatlas finden Sie auf dem hinteren Umschlag dieses Reiseführers

OLTRARNO

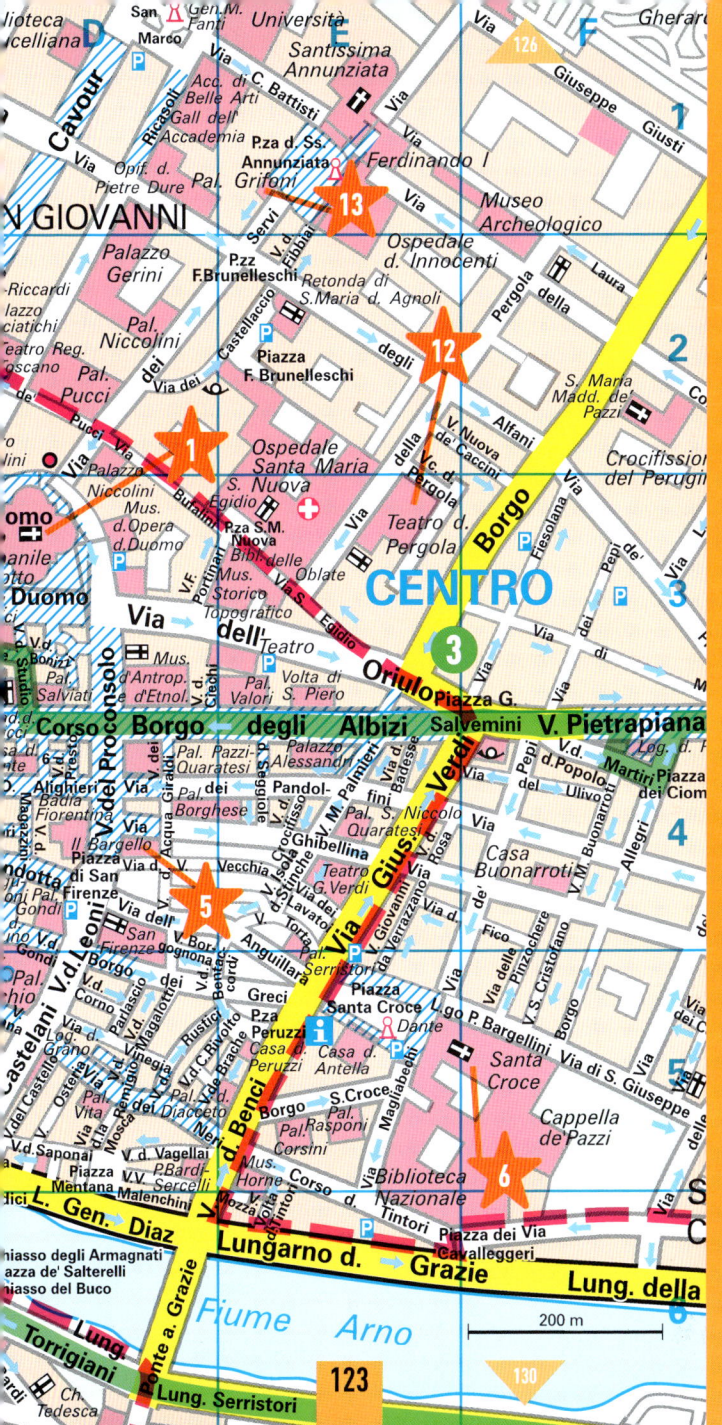

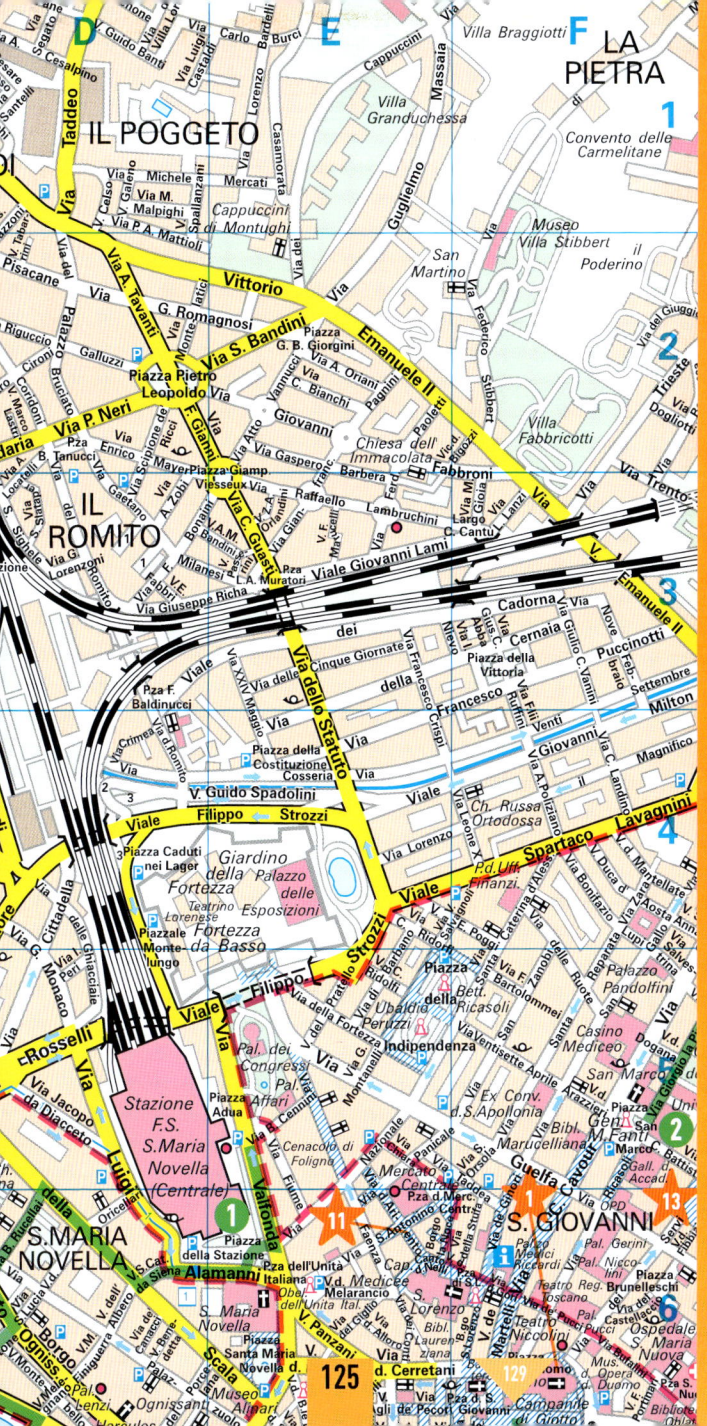

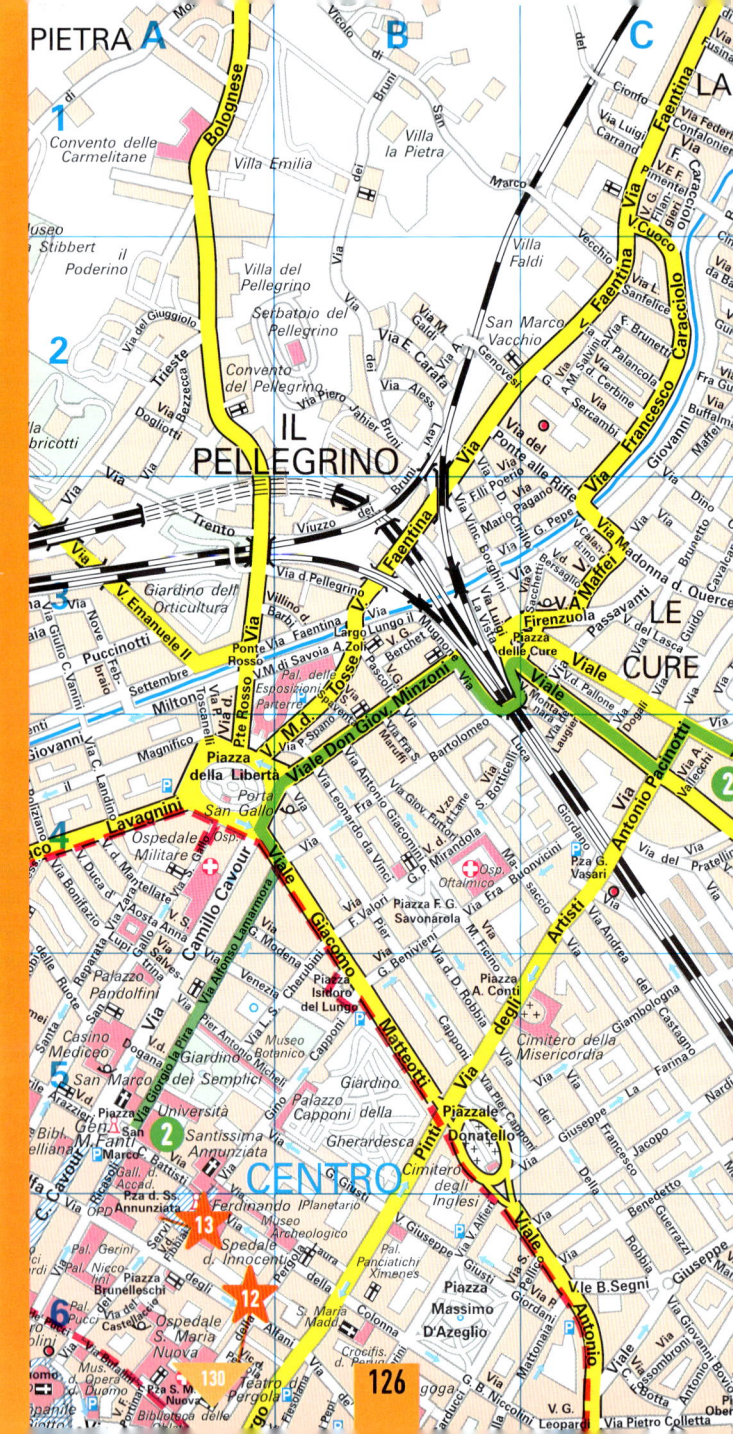

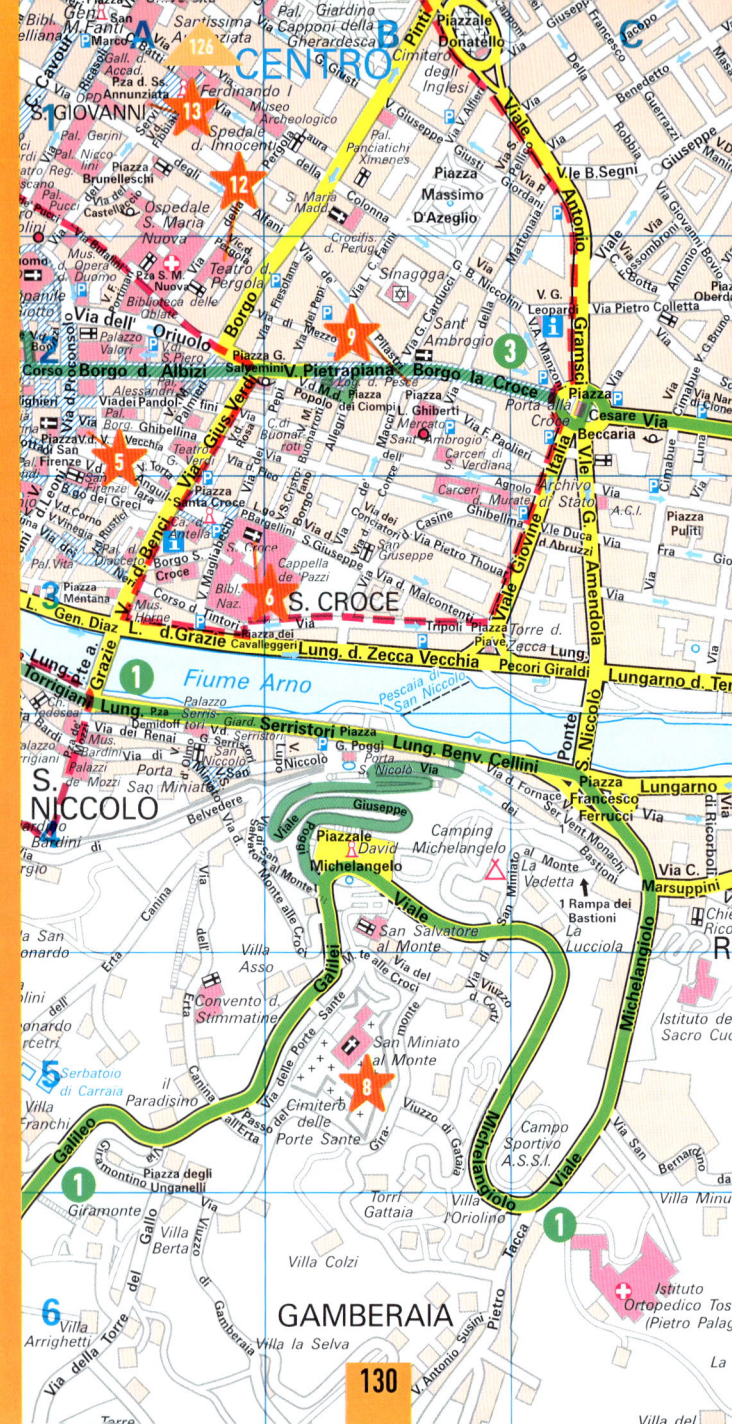

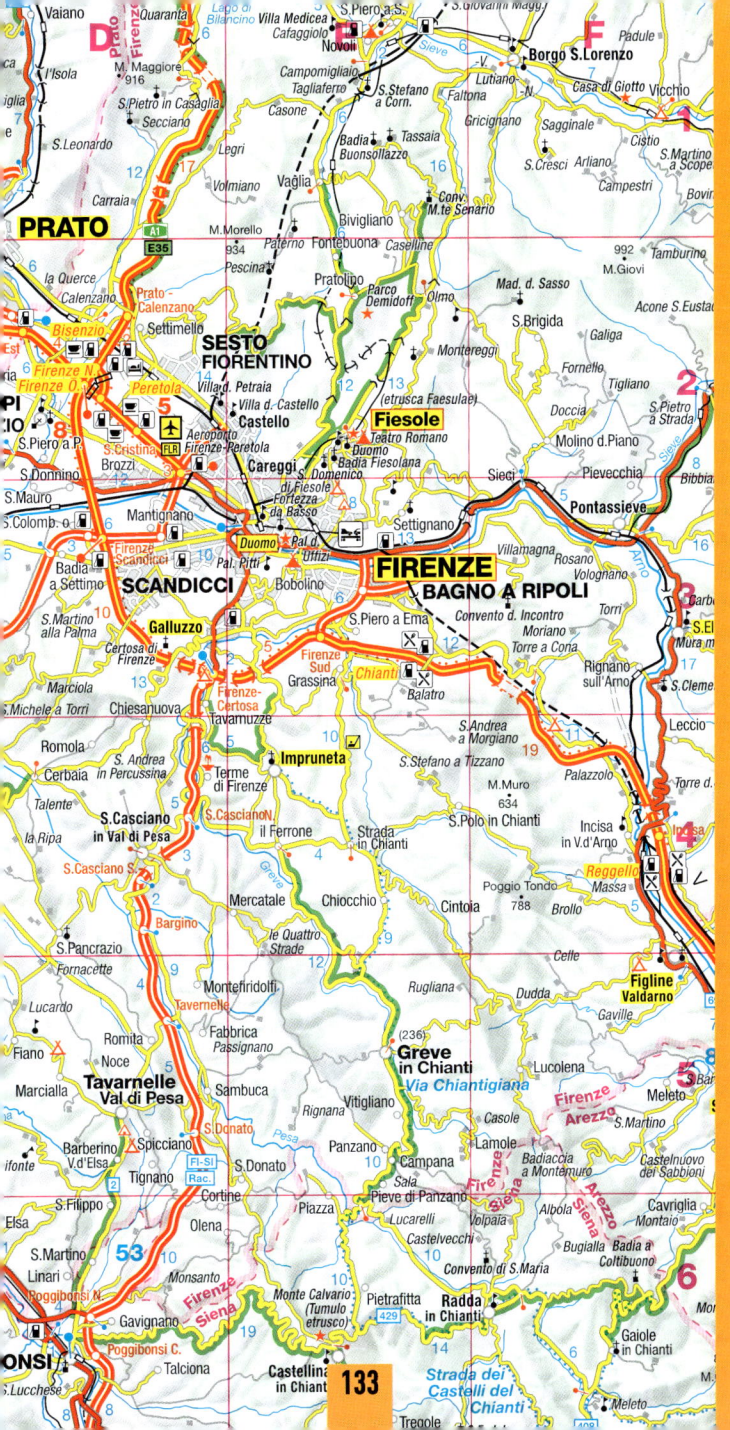

Das Register enthält eine Auswahl der im Cityatlas dargestellten Straßen und Plätze

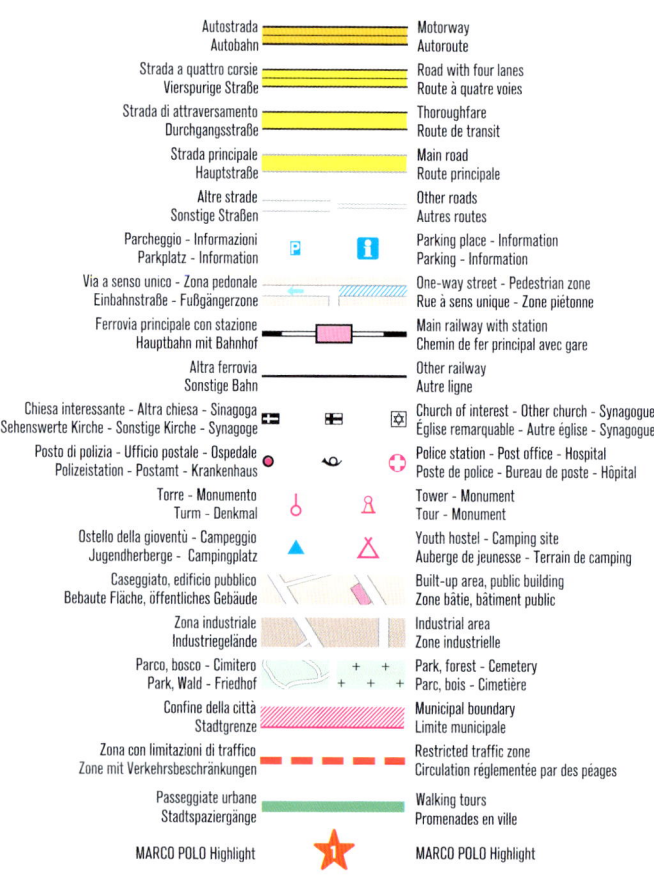

Autostrada / Autobahn		Motorway / Autoroute
Strada a quattro corsie / Vierspurige Straße		Road with four lanes / Route à quatre voies
Strada di attraversamento / Durchgangsstraße		Thoroughfare / Route de transit
Strada principale / Hauptstraße		Main road / Route principale
Altre strade / Sonstige Straßen		Other roads / Autres routes
Parcheggio - Informazioni / Parkplatz - Information		Parking place - Information / Parking - Information
Via a senso unico - Zona pedonale / Einbahnstraße - Fußgängerzone		One-way street - Pedestrian zone / Rue à sens unique - Zone piétonne
Ferrovia principale con stazione / Hauptbahn mit Bahnhof		Main railway with station / Chemin de fer principal avec gare
Altra ferrovia / Sonstige Bahn		Other railway / Autre ligne
Chiesa interessante - Altra chiesa - Sinagoga / Sehenswerte Kirche - Sonstige Kirche - Synagoge		Church of interest - Other church - Synagogue / Église remarquable - Autre église - Synagogue
Posto di polizia - Ufficio postale - Ospedale / Polizeistation - Postamt - Krankenhaus		Police station - Post office - Hospital / Poste de police - Bureau de poste - Hôpital
Torre - Monumento / Turm - Denkmal		Tower - Monument / Tour - Monument
Ostello della gioventù - Campeggio / Jugendherberge - Campingplatz		Youth hostel - Camping site / Auberge de jeunesse - Terrain de camping
Caseggiato, edificio pubblico / Bebaute Fläche, öffentliches Gebäude		Built-up area, public building / Zone bâtie, bâtiment public
Zona industriale / Industriegelände		Industrial area / Zone industrielle
Parco, bosco - Cimitero / Park, Wald - Friedhof		Park, forest - Cemetery / Parc, bois - Cimetière
Confine della città / Stadtgrenze		Municipal boundary / Limite municipale
Zona con limitazioni di traffico / Zone mit Verkehrsbeschränkungen		Restricted traffic zone / Circulation réglementée par des péages
Passeggiate urbane / Stadtspaziergänge		Walking tours / Promenades en ville
MARCO POLO Highlight		MARCO POLO Highlight

ALLE **MARCO POLO** REISEFÜHRER

REGISTER

In diesem Register sind alle im Reiseführer erwähnten Sehenswürdigkeiten und Namen sowie wichtige Straßen und Plätze aufgeführt. Gefettete Seitenzahlen verweisen auf den Haupteintrag.

SCHREIBEN SIE UNS!

Egal, was Ihnen Tolles im Urlaub begegnet oder Ihnen auf der Seele brennt, lassen Sie es uns wissen! Ob Lob, Kritik oder Ihr ganz persönlicher Tipp – die MARCO POLO Redaktion freut sich auf Ihre Infos.
Wir setzen alles dran, Ihnen möglichst aktuelle Informationen mit auf die Reise zu geben. Dennoch schleichen sich manchmal Fehler ein – trotz gründlicher Recherche unserer Autoren/innen. Sie haben sicherlich Verständnis, dass der Verlag dafür keine Haftung übernehmen kann.

MARCO POLO Redaktion
MAIRDUMONT
Postfach 31 51
73751 Ostfildern
info@marcopolo.de

IMPRESSUM
Titelbild: Getty Images/Robert Harding World Imagery: Tondini
Fotos: Gianluca Cecchini (16 M.); Centro Machiavelli: Bianchi Rossella (17 o.); R. Freyer (2 u., 3 u., 60/61, 88/89, 106 o., 110); Getty Images/Robert Harding World Imagery: Tondini (1 o.); Huber: Canali (7), Giovanni Simeone (10/11, 12/13, 51, 104/105), Hanna Simeone (52), iStockphoto.com: Evgeni Parushin (17 u.); Laif/hemis.fr: Mattes (36); Laif/Pool Benali: Landmann (18/19); Laif: Bungert (8), Celentano (40/41, 87, 90), Galli (82), Zanettini (2 M. u., 26/27, 57); Look: age fotostock (105); Look: Richter (4); K. Maeritz (2 M. o., 3 o., 3 M., 9, 32/33, 70/71, 72, 75, 76, 80/81, 97, 106 u.); mauritius images: Cubolmages (23, 104); Mercurio Association (16 u.); Meykadeh: Paolo Cont (16 o.); A. M. Mosler (65); D. Renckhoff (Klappe r., 15, 21, 30, 35, 38, 45, 54, 100, 107); C. Romig Ciccarelli (1 u., 2 o., 5, 6, 24 l., 24 r., 25, 79, 96, 96/97, 103); O. Stadler (43, 59, 64 r., 68, 94, 98/99, 120/121); M. Thomas (Klappe l., 85, 102); vario images: imagebroker (48); T. P. Widmann (46, 62, 64 l., 67, 93)

13., aktualisierte Auflage 2014
© MAIRDUMONT GmbH & Co. KG, Ostfildern
Chefredaktion: Marion Zorn
Autorin: Caterina Romig Ciccarelli
Redaktion: Marlis v. Hessert-Fraatz
Verlagsredaktion: Ann-Katrin Kutzner, Nikolai Michaelis, Martin Silbermann
Prozessmanagement Redaktion: Verena Weinkauf
Bildredaktion: Gabriele Forst
Im Trend: wunder media, München
Kartografie Reiseatlas und Faltkarte: © MAIRDUMONT, Ostfildern
Innengestaltung: milchhof:atelier, Berlin; Titel, S. 1, Titel Faltkarte: factor product münchen
Sprachführer: in Zusammenarbeit mit Ernst Klett Sprachen GmbH, Stuttgart, Redaktion PONS Wörterbücher

MIX
Paper from
responsible sources
FSC® C021256

BLOSS NICHT

Ein paar Dinge, die Sie in Florenz beachten sollten

SICH VON HAUSNUMMERN VERWIRREN LASSEN

In Florenz gibt es zwei Hausnummern: Mit blauen oder schwarzen Nummern werden die Gebäude nummeriert, rote Nummern dagegen sind neben Geschäften, Restaurants usw. angebracht. Es ist also durchaus möglich, dass sich ein Laden in der Via del Corso 18r, im Haus mit der Nummer 6 befindet!

MIT SCHWEREM GEPÄCK REISEN

Am Hauptbahnhof in Florenz gibt es seit Neuestem weder Gepäckwagen noch Gepäckträger! Auch Schließfächer sucht man vergebens. Und bei der Gepäckaufbewahrung (tgl. 6–24 Uhr) wird jedes Stück einzeln berechnet – also gezielt packen!

IN KIRCHEN ODER KLÖSTERN STÖREN

Betreten Sie Gotteshäuser nicht in unangemessener Kleidung (kurze Hosen, Strandkleidung), und gehen Sie während der Messen oder Andachten nicht redend oder fotografierend herum.

DIE VERKEHRSREGELN IGNORIEREN

Wenn noch vor einigen Jahren kaum ein in Italien ausgestellter Strafzettel bis nach Deutschland gelangte, sieht die Sache heute anders aus: Teuer wird falsches Parken (ab 41 Euro), Rotlichtverstoß und 20 km/h zu schnell (ab 168 Euro), Alkohol am Steuer (ab 500 Euro), Telefonieren ohne Freisprechanlage (ab 161 Euro), außerorts ohne Licht (38 Euro) oder ohne Warnweste im Kofferraum (ab 38 Euro) fahren. Die Innenstadt ist ohne Genehmigung nicht befahrbar, und sehr gut funktionierende Kameras über den Straßen blitzen jedes Fahrzeug!

AUF FÄLSCHUNGEN REINFALLEN

Kaufen Sie niemals von fliegenden Händlern zu Spottpreisen angebotene, angeblich „echte" Lacostehemden, Louis-Vuitton-Portemonnaies, Guccitaschen, Rolexuhren oder andere perfekt imitierte Markenfälschungen. Sie sind niemals echt, und seit 2004 wird nicht nur der Verkauf, sondern auch der Kauf dieser Nachahmungen schwer bestraft! Selbst auf den Flughäfen werden Stichproben gemacht.

LANGFINGERN GELEGENHEIT BIETEN

Lassen Sie niemals Handys, Kameras, Kleidungsstücke oder Einkäufe sichtbar im Auto liegen. Auch in den meist brechend vollen Bussen sollten Sie besonders aufmerksam sein.

SCHÜHCHEN ANZIEHEN

Fahren Sie nicht mit unbequemen Schuhen nach Florenz! Die Gassen der Altstadt sind eng und mit handbehauenen Sandsteinplatten gepflastert, die über die Jahrhunderte brüchig, rissig und damit zu richtigen Absatzfallen geworden sind.